関西学院大学総合政策学部
教育研究叢書

2

グローバル社会の国際政策

関西学院大学総合政策学部［発行］
小西尚実［編］

関西学院大学出版会

関西学院大学総合政策学部教育研究叢書2

グローバル社会の国際政策

総合政策学部教育研究叢書第二巻の発刊によせて

東側の自壊で終結した冷戦終了後の世界は、米国主導の安定した世界秩序を齎すどころか、それまで表面化することの少なかった様々な矛盾や紛争をかえって露呈させる結果を招いたといっていいし、２００８年のリーマンショックは世界を混沌のなかに落としいれたといって過言ではない。また、バブル崩壊後の日本は現在に至るも新たな方向性を見出せず、一昨年民主党内閣が登場したものの混迷は深まる一方である。われわれはいま海図なき航海を強いられているかのごとくである。

そうした時代背景のなかにあって関西学院大学総合政策学部がこの北摂三田の地に開学してから15年の歳月が流れた。学年定員３００名の総合政策学科、一学科のみでスタートしたこの学部は、その後メディア情報学科を増設し、昨年度、都市政策学科・国際政策学科を開設、学年定員５８０名の大所帯に成長した。本学部は誕生以降さまざまな試行錯誤を繰り返し、苦闘を展開してきたが、確かなのはすべての教員がいずれもそうした世界と日本の混沌とした現実と様々な切り口で対峙しようとしてきたことでなかろうか。

四学部体制のスタートを記念して、そうしたさまざまな対峙の諸相を市民に発信すべく、三田駅前のキッピーモールで連続市民講座を開講し、その記録を総合政策学部教育研究叢書として発刊することにした。昨年度の第一巻は総合政策学科が主体になっての「総合政策のニューフロンティア」であったが、今年度は国際政策学科による「グローバル社会の国際政策」としてここに結実した。われわれの営為は学生だけでなく広く市民社会のためにでなければならないと考えるからである。「仕えられるためでなく仕えるために」を聖句とする本学部の心意気をお汲み取りいただければ幸甚である。

関西学院大学総合政策学部長　久野武（総合政策学部教授）

『グローバル社会の国際政策』の発刊によせて

２０１０年5月から7月にかけて、第二回連続公開講座「グローバル社会の国際政策」が開催され、多くの方たちにご来場いただき盛況のうちに終了した。

グローバリゼーションが急速に進展する中で、日本の置かれている環境の変化を踏まえつつ、今後の日本の方向性や課題を考える上で精選した重要なテーマに対して、各分野に精通する専門家が独自の視点により考察、分析がなされた。

本書は公開講座の講演がベースとなっているが、各講演者が全面的に書き換え、より内容の充実した、大変読み応えのある書籍になっている。各章の終わりには、読者が更に知識を得て、理解を深めたい場合に参考となる文献リストを記載したので、ぜひ一読いただきたい。

世界の中で起きる幾多の変化が、日本を揺さぶっている。明確な日本の将来へのビジョンや方向性が示されていない中で、我々はどのような政策を打ち出していくべきか。それぞれの立場でこの問いに取り組んでいただく上で、一助となれば幸いである。

本講座開催にあたっては、三田市役所および関西学院大学総合政策学部事務室の皆様には大変お世話になり、この場をお借りして御礼を申し上げたい。また、本書の出版に際し、とりまとめいただいた関西学院大学出版会田中直哉氏にも深謝したい。

連続公開講座コーディネータ　小西尚実（関西学院大学総合政策学部准教授）

関西学院大学総合政策学部教育研究叢書2
グローバル社会の国際政策

目次

関西学院大学総合政策学部公開講座
「グローバル社会の国際政策」第1回

日本の指導者の資質を問う

◆小池洋次

はじめに

政権交代から1年以上が経ち、当初のユーフォリア（陶酔感）がすっかり冷め、民主党政権への失望感が広がっています。内政では経済面で成果を上げられないばかりか、ばらまきで財政危機に関する国民の不安感は強まるばかり…。政治とカネの問題への対応は、とても国民の理解を得られるものではありません。外交問題では、普天間の移転問題をめぐり日米関係を後退させ、それによって中国、ロシアの対日強硬姿勢を招く結果となりました。

ひと言で言えば、政策の貧困と政治の混迷です。これは民主党だけの問題ではありません。自民党政権下でも同様の事態が繰り返されてきたのです。近年の日本の政治は諸外国と比べても、また歴史を振り返ってみても、異様と言わざるをえません。

その要因は一つではありません。制度やシステムの問題は、もちろんあります。政治家を選んだ国民の意識を問う必要もあるでしょう。しかし同時に、指導者の在り方についても考えなければなりません。頻繁に替わる首相はかつて「イタリア化」と揶揄《やゆ》されましたが、昨今は、日本のほうがリーダーが早く替わっていて、この表現が当てはまらなくなってしまいました。同じ議院内閣制をとる英国のリーダーが長期に国政を運営しているのとは対照的です。日本の政治の問題は、同時に指導者の質と選ばれ方に起因する部分が大きいのではないでしょうか。それが基本的な問題意識です。同様の問題は民間についても指摘できるでしょう。

グローバル化が進展し、変化のスピードがますます速まっています。民間の企業と同様、政府部門や政治の世界にも、それへの対応が求められる時代です。国際システムが大きく変容する中で、政治指導者にはグローバル化の本質と、それによって引き起こされている政策面での大競争の意味を理解し、素早く対応することが求められているのです。それは、指導者の選ばれ方が妥当かどうかという問題を提起するでしょう。政治指導者には、広く、官民の人材を募り、活用することが求められています。

本講演では、まず、グローバル化の意味を説明し、それが政策面でも国際競争を促していることを指摘して、今の日本の指導者が「政策の大競争」に対応できているのかどうか、問いたいと思います。そのうえで、こうした時代にふさわしい指導者とその選び方を考えます。政治システムの在り方にも言及することになるでしょう。

（本稿は２０１０年5月26日に行われた三田市連続講座「グローバル社会の国際政策」第１回の内容をもとにしていますが、その後の状況変化を踏まえて構成を変え、全面的に書き直したことをお断りしておきます）

1　現状認識――グローバル化と多極化

グローバル化については「地球規模における相互依存の成立・進化」（正村 2009）であり、「ヒト・モノ・カネの世界的な流れとして現象する」（同）というのが、平均的な定義であり、一般の人びとが描くイメージではないでしょうか。相互依存は地球の「一体化」とも表現できるでしょうし、ヒト・モノ・カネの世界的流れは、どこでも同じ基準の便益を受けられるということを意味するでしょう。後者は「標準化」というベクトルをもっています。
グローバル化は主に経済面を中心に語られてきました。しかし、そのインパクトは経済に留まるものではありません。政治や国際関係を大きく変えてきたことはわれわれの記憶に新しいところです。冷戦構造の崩壊は、グローバル化の波に乗れなかった旧ソ連の失敗の結果であり、破たん国家の増大は、グローバル化から取り残されることの重大性を認識させています。
中国やインドなどの台頭、すなわち「第3のパワーシフト」（ザカリア 2008）も、グローバル化によるパワーの移転ということができるでしょう。こうした動きは多極化と呼ぶこともできます。サミュエル・ハンティントンは21世紀に真の意味での多極化構造が出現すると指摘しましたが、これもグローバル化がもたらした結果と言えるでしょう。（ハンティントン 1999）
グローバル化は経済の潜在的な可能性を顕在化し、利便性を高めたという意味で、積極的に評価されてきました。しかし、問題も少なくありません。
第一に格差の拡大です。グローバル化が資本主義の世界的拡大を意味し、資本主義が自由競争により貧富の差を拡大することを考えれば、当然でしょう。格差の拡大はグローバル化の負の部分と言えるのです。
第二に、「負のグローバル化」とも言える動きにも注意が必要でしょう。犯罪などのグローバル化という問題です。それは予想以上に深刻なのです。米外交誌フォーリン・ポリシーの編集長モイセス・ナイムは、各国政府は5つの戦争、すなわち、麻薬、武器、知的所有権、ヒト、カネの非合法国際貿易との戦いで、負けつつあると指摘しました。（Naim, 2003）
グローバル化には加速度がついているとの認識も重要です。技術革新は情報・通信を中心に急速に進んでいます。人間の知覚は、過去の経験をベースにしているので、現実の変化についていけないという問題があるのですが、新技術登場の時代には特にそう言えるのではないでしょうか。

どの国の指導者にも、グローバル化の本質とスピードに関する理解と認識が必要な時代なのです。そのうえで、国がグローバル化の波に乗ると同時に、そのマイナス面をどうやって極小化するかを考えなければなりません。

2　政策面でのグローバル大競争

グローバル化は、政策について、各国の競争を激化させているとの認識も重要でしょう。ヒト、モノ、カネをめぐる大競争は、それに大きな影響を与える政策の質も問うているのです。よい政策をタイムリーに打ち出さなければ、他国との経済競争に負けてしまいます。ビジネスの世界が自国はもちろん、各国の政策を注視するゆえんでしょう。

日本が政策をめぐるグローバル競争に遅れをとった典型例を紹介したいと思います。金融部門の改革、いわゆる金融ビッグバンです。

英国がこの金融ビッグバンに踏み切ったのは1986年のことでした。製造業が各国との競争に敗れた同国が金融立国を目指して行った起死回生の一大事業です。時の首相は鉄の女、サッチャー首相でした。

この政策が功を奏し、ロンドンのシティーは、世界的な金融センターとなったのです。2008年に起きた国際的な金融危機で、金融立国戦略が裏目に出た面がないではないのですが、金融改革で他国に先んじたことの意味は大きいでしょう。ビッグバンがなければ、英国経済は衰退の一途をたどっていたことはまちがいありません。

ひるがえって、日本の金融改革はどうだったでしょうか。日本版ビッグバンが実行に移されたのは１９９８年で橋本政権下でのことでした。変化が加速する現代において10年の遅れは致命的と言わなければなりません。では、なぜ日本は金融ビッグバンが遅れてしまったのでしょうか。まずは、官民に蔓延していたおごりを指摘しなければなりません。１９８０年代後半と言えば、日本はバブル全盛期で、日本経済は世界最強とも言われ、日本の経済運営や経営手法が称賛されていた時期でした。官民とも海外から学ぶものは何もないと考えていたのです。英国で始まった金融ビッグバンの意味を理解していた人は指導層には少なかったにちがいありません。

政策のグローバルな競争のもとでは、指導層の理解不足が国益を大きく損ねる可能性があるということです。政策の質とスピードが問われる時代です。では、なぜ、日本の政策が質とスピードにおいて遅れをとってしまったのでしょうか。この点が問われなければなりません。

まず指摘すべきは、自民党の長期政権で政官財各界が、惰性に流れ、改革の意思を失ってしまったことです。その結果として経済の長期低迷と外交面での日本の漂流があったとも言えるでしょう。

２００９年の政権交代は、そうした閉塞状況への国民の不満の表れでもありました。民主党は「脱官僚依存」を掲げましたが、それは、官依存で作られてきた政策の質の低下を食い止めようとした試みとも言えるのです。

3　日本の問題

では、日本の指導層はこうしたグローバル化の本質を理解できていたのでしょうか。結果を見るかぎり、ノーと言わざるをえません。特に、最高指導者たる首相の見識と国際感覚を問うべきです。

歴代首相はグローバル化を語り、政策を説明してきました。しかし、グローバル化の時代に対応した認識をもち、政策を打ち出せたとは、とても言えません。

日本では、首相は短命でした。自民党の小泉純一郎首相が5年におよび政権を担当したのは近年では例外的です。2005年以降の首相は、小泉、安倍晋三、福田康夫、麻生太郎、鳩山由紀夫、菅直人の6人です。これだけ頻繁に替われば、首相がグローバルな問題に取り組むのは不可能と言うべきでしょう。当面の政局運営に縛られてしまうからです。

独裁者による長期政権に比べ、まだ許せるという議論はありえるかもしれません。しかし、毎年のごとく首相が変わるようでは、諸外国の指導者が実のある議論をしようとは思わないでしょう。冷戦を崩壊に至らしめたのは米ソ両超大国のトップリーダーの信頼関係があったからでした。[*1] 世界の政治・経済構造の変革にはリーダーシップが必要で、それは1年程度の短期政権ではなしえないということです。

近年、日本の首相が国際感覚をもっていたかというと、はなはだ疑問です。小泉首相が国連の安全保障理事会の常任理事国入りを目指しながら、靖国参拝を繰り返して、拒否権をもつ中国の神経を逆なでしてきたのは、その例かもしれません。

日本の指導層の国際感覚の欠如を示す事例は数多いのですが、特に1998年の世界経済フォーラム年次総会（ダボス会議）*2は典型例として語られるでしょう。前年にアジア通貨危機が起き、世界中で途上国への波及が語られているときでした。

世界各国から政権を担うリーダーたちが集まりました。途上国からは大統領や首相が姿を見せたのです。中国からは副首相が参加し、中国がアジア経済に貢献すると発言し、喝采を浴びました。

この総会に、日本から出席したのは誰だったでしょうか。首相どころか閣僚も誰一人として参加しませんでした。日本の政策を説明できる人は榊原英資《さかきばらえいすけ》財務官（当時）だけだったのです。彼我の違いはあまりにも大きいと言わなければなりません。結果として、中国は評価され、日本には批判的な雰囲気が漂ってしまったのです。

日本の指導者の国際感覚の欠如と言うべきでしょう。その例は枚挙にいとまがありません。国際会議に出て、自国の立場を説明すべきなのに、国内問題を優先する政財界のリーダーたちも多いのです。国際会議を敬遠する官民の指導者は増えているとすれば、実に嘆かわしいことです。

4　政治家・指導者選出の問題

政治指導者について言えば、日本の場合、世襲問題に関する議論は避けて通れません。日本では、世襲政治家の割合は高いのです。驚くべきは、小泉首相退陣後の首相の顔ぶれです。小泉氏自身が世襲政治家ですが、その後の安倍晋三氏は岸信介《きしのぶすけ》元首相の孫、続く福田康夫氏は福田赳夫《ふくだたけお》元首相の息子、次の麻生太郎氏は吉田茂元首相の孫、さらに鳩山由紀夫氏は鳩山一郎元首相の孫でした。4代連続して、首相は元首相の孫か息子という、北朝鮮も驚く世襲国家です。

世襲はもちろん、政治家だけの話ではありません。民間企業でも多くの例があります。成功しているとみなせる世襲もあるでしょう。だが、問題は、世襲が権力継承において最善の選択かどうかということです。政治家や経営者からみて、一般的に、自分の息子や娘が後継にもっともふさわしい確率は限りなくゼロに近いのではないでしょうか。なぜなら、それ以外に優秀な人物は多いからです。それでも自分の子に継がせるのは、非合理的な選択と言うべきです。

万が一、自分の子がもっとも能力が高いとしましょう。それでも、世襲は誤りではないでしょうか。他の多くの優秀な候補者のやる気を失わせてしまうからです。1のプラスがあっても、10のマイナスがあれば、全体で9のマイナスでしょう。

世襲政治家が存在すること自体を否定するものではありません。それが、国民、選挙民にとってプラスの場合もあるでしょう。しかし、そうした世襲政治家が国の最高権力者として祭り上げられるようなことが何代も続くとすればどうでしょうか。

これまで、日本の首相は政治家としての見識や能力というより、派閥力学の結果で決まり、また選挙の顔として選ばれてきました。「漢字が読めない」と批判されても、「宇宙人」と揶揄される人でも、収まりがよければ担がれるのです。知名度が高ければ、党内をまとめやすく、選挙にも有利というのは、タレントやスポーツ選手を政治家にスカウトする発想と、本質的には変わりがありません。

では、諸外国の指導者はどう選ばれているのでしょうか。世襲や非民主的な選ばれ方も少なくはありません。ここでは、米国と英国を取り上げてみたいと思います。

まず米国です。筆者が１９９３年、日本経済新聞のワシントン支局長として当時のビル・クリントン大統領にインタビューしたときのことをお話ししましょう。非常に驚いたのは、ホワイトハウスが事前に質問状を要求しなかったばかりか、インタビューの際に同席したのは報道官だけであり、さらに、大統領がメモも資料も持っていなかったことです。就任後わずか半年の大統領がメモも資料もなしで、すべての質問に答えきったのには、驚かざるをえませんでした。

クリントン氏の能力が高いのは確かです。しかし、重要なのは、同氏が大統領就任前の1年から1年半という長期に選挙を戦い、その過程で、さまざまな政策問題について質問され、議論し、厳しく追求されてきたことです。

米国の大統領は派閥の力学やブランドで選ばれるわけではありません。長い選挙戦の過程で、政策を集中的に学び、リーダーとして鍛えられるのです。この期間は、政策に関する学習機関とも言えるでしょう。大統領はまさに「作られる」のです。

英国の場合はどうでしょう。まず国会議員候補になるのが大変です。党の中で行われる選考過程にパスしなければなりません。そのうえで、勝つのが難しい選挙区での戦いを強いられると言われています。ブレア前首相の場合もそうでした。

米国や英国の候補者選びがベストというわけではないでしょう。ただ、両国から学べることが少なくないということです。

人事においては適材適所が重要です。日本の政治において、これが実現できていないのが最大の問題なのです。政界だけではなく官界も同様でしょう。世襲や官僚の論理で人材が登用されていくシステムを改めなければなりません。

5　提言

では、何をどう変えればよいのでしょうか。ここでは、いくつか提言してみたいと思います。

第一に世襲の制限です。各党が検討中のようですが、これは最低限やるべきことでしょう。やる気のある若者をもっと政治に関心をもたせるようにしなければなりません。

第二にタレント候補の多用をやめるべきです。世襲と同様、知名度に頼るのは危険です。

第三に官の世界で適材適所を実現するには、政治任命（任用）制度の導入が不可欠です。政策形成の場で民間の有能な専門家を活用すべきでしょう。

特に、大使人事の在り方を変えたいものです。諸外国において日本を代表する大使に、外務官僚がいつも、もっともふさわしいとは言えないでしょう。広く人材を募るべきです。

最後に、国際会議にもっと多くの人びとが日本から参加をすべきです。そのための雰囲気をつくるべきでしょう。政治の世界で言えば、大臣をもっと国際会議に出すことです。そのためのルールについて与野党が合意する必要があるでしょう。こうした過程を通じ、政治家はグローバルな問題を肌で理解することができるのです。

おわりに

世界は、100年に一度といわれた経済危機に直面し、政治・外交面では冷戦後の新たなシステムを模索する時期です。このような時期だからこそ、指導者選びをよくよく考えなければなりません。要は、グローバルな問題を理解できる指導者をどう育成するかと言う問題でもあるのです。

時間の関係で、ほとんど触れることができませんでしたが、政治だけでなく、民間経済界も同様の問題を抱えています。日本の将来のために、政治や官の世界だけでなく、民間経済界の指導者の質についてもじっくり考えたいと思います。

＊1 当時の米国大統領はジョージ・ブッシュ、ソ連の大統領はゴルバチョフで、二人の信頼関係をもとに米ソ両国は1989年12月の冷戦終結宣言にこぎつけました。この経緯はストローブ・タルボットら著、浅野輔訳『最高首脳交渉』（同文書院インターナショナル 1993）に詳しく書かれています。

＊2 世界経済フォーラムはドイツ人経済学者クラウス・シュワブが1971年に設立。毎年1月に開く総会には世界中から各界のトップリーダーが2000人以上集まります。

〈参考文献〉

ファリード・ザカリア「アメリカ後の世界」『ニューズウィーク』日本版　２００８年６月11日号（原文は２００８年５月12日号）

正村俊之『グローバリゼーション』有斐閣　2009

三木清『哲学ノート』（河出書房　1954）中央公論新社　2010

Huntington, Samuel, *The Lonely Superpower*, Foreign Affaires March/April, 1999.

Naim, Moises, *Five Wars of Globalization*, Foreign Policy January/February, 2003.

——, *Illisit*, Doubleday, 2005.

Nixon, Richard, *Leaders*, New York : Warner Books, 1982（『指導者とは』（徳岡孝夫訳）文藝春秋　1986）

Obama, Barak, *Dream From My Father*, New York Times Books, 1995.

関西学院大学総合政策学部公開講座
「グローバル社会の国際政策」第2回

日米同盟の過去、現在、将来

◆柴山 太

よろしくお願い致します。関西学院大学の柴山です。レジメをご覧になった方は、このレジメは今日つくられたものではないとおわかりかと思います。鳩山由紀夫首相は元首相になられました。今朝の第一限の授業が終わって、学生諸君らが「先生、すごいことになっています」と言って、ワンセグの緊急ニュースをみせてくれました。

鳩山首相さらに小沢一郎幹事長も辞任となり、これから先どうなるのでしょうか。政界再編になりますので、一昨日までの大問題であった安全保障問題はどのような扱いになるのでしょうか。ただ、今回、沖縄の問題が表面化し、日本人は安全保障問題について、それほどしっかり考えてきたわけではないな、と言えるのではないでしょうか。

テレビのバラエティ番組の取りあげ方は面白いけれど、じゃ、その向こうは何なのか。根本的に大きな問題が放置されているのではないのか。どういう軍事的な理由があって沖縄に基地が必要なのかと、誰もきちんと答えていないのではないか。どうやら真剣な軍事的な議論、あるいは安全保障の知識にもとづいて議論は組み立てられていないのではないか。いわゆる識者とよばれている人たちも、わかって話していないのではないか、というのが、私の感想です。

日米同盟とは

ここからレジメにそって、基本的なお話をさせていただきます。辞任劇はさておき、まだ民主党の政権は続くわけですから、沖縄の問題は民主党の枠で解決せざるをえないと思われます。日本は政権再編をやっているが、朝鮮半島の厳しい状態を考えれば、のんきに政権再編をやっている場合かという論調が、今日の日経新聞に載っておりました。立派な新聞だと思います。

今回の朝鮮半島の危機（哨戒艦撃沈事件）は、歴史的に他の危機と比べても相当な危機です。覚えていらっしゃるかと思いますが、１９９４年にもう戦争が勃発するのかと覚悟したことがありました。アメリカ政府が最後のカードとして、カーター元大統領に訪朝を要請し、亡くなった金日成首席と差しの話で、最後のところで舵をがらがらと切って、戦争をやっと回避しました。今回は、あのときよりは階段は二つぐらい下かなというレベルかと思います。とはいえ、相当なものです。最近でも、北朝鮮はミサイルを飛ばして危機を演出することがありましたが、人の命を奪うということは、しばらくやっていませんでした。しかも今回は、確信犯らしいと思われます。

最近、韓国に参りましたが、相当の緊張感がありました。ソウルの商店街には、亡くなった46人の人を弔う横断幕、ソウルの市民広場でも、献花場がありました。韓国国民は落ち着いているが、秘めた怒りはあると感じて、帰ってきました。

日本をとりまく環境は、政界再編はさておき、しっかりとした安全保障上の議論を建設的にやらなければならない時期にきたのではないかと思われます。私は安全保障の歴史が専門でして、その観点から現在の安全保障問題を考えてみたいと思います。

まずは日米同盟の過去から、お話を始めたいと思います。日米同盟の始まりは何といっても、１９５１年９月８日のサンフランシスコ講和条約、つまり対日平和条約の署名の直後に、吉田茂首相とアメリカのアチソン国務長官が、日米の安全保障条約にサインをすることで始まりました。

アメリカ側からしますと、西側同盟の発展として新たな軍事同盟＝日米同盟をつくった側面があります。ここで確認しておきたいのは、アメリカにとっては、日米同盟は西側同盟の一環という位置づけであるということです。日本にとってはどうでしょう。日本は西側の一員と言われれば、そうだけれど。具体的に、私たちは米国以外の西側諸国にどうつながっているのか、さらに基本的な問題として、西側同盟はどのように機能しているのか、誰がリーダーなのか、わかっていませんよね。それらを理解しないと、根本的なところはわからないのではないか、というのが私の基本的な問いです。

日米の枠組みだけで考えていていいのか。もちろん、アメリカは西側同盟の真ん中で活動してきたわけですから、西側同盟の全体像はわかっているわけです。ところが日本は、それをほとんどわかってません。

冷戦下の西側同盟

ということで、ちょっとお時間を借りまして、「西側同盟」の全体像について説明したいと思います。西側同盟の中で最初にできたのは、アメリカ、イギリス、カナダの間の軍事同盟です。これらの国々の関係は、基本的には、しっかりとした条約にもとづいたものではありません。１９４５年、第二次世界大戦直後に、アメリカとカナダは戦争中の軍事同盟関係を対ソ連用として再編します。その次に、米加関係よりも非公式なかたちで、米英は戦争中の軍事同盟を再編しました（非公式というのは正式の条約がないという意味です）。米英関係といっても、それはアメリカとイギリスだけというわけではありません。イギリスはイギリス連邦のリーダーであり、イギリス連邦にはカナダから始まって、オーストラリア、ニュージーランド、南アフリカがつながっています。当時、これらの国々がドミニオンとよばれる上位の構成国であり、そこから下位の構成国として、独立してないインド、アフリカ各国と延々つながっていくわけです。簡単に言いますと、米英加は西側同盟のエリートクラブです。１９４８年になりまして、米英加のあいだで、対ソ連用共同戦争計画、対ソ連用西側指揮系統、対ソ連用軍事情報交換、軍事援助方針で完全に合意しました。つまり、米英加は戦争計画を共有し、そのなかで各国が役割分担し、それにそって、もし戦争となれば戦うのです。アメリカのアーカイブで研究いたしますと、イギリスの文章がそのまま出てきます（ズバリ言いますと、第二次世界大戦でも、アメリカとイギリスはほとんど主要な情報をすべて共有していたので、もともとやってきたことを戦後も続けたのだとも言えます）。でも実際、１９４８年以降、共同の対ソ戦争計画をつくるわけですから、これにもとづいて西側同盟の戦争準備努力が始まるわけです。ご存じのとおり、次にできあがったのが、北大西洋条約機構（ＮＡＴＯ）です。実は、これ以前にそれをつくるための北大西洋条約が結ばれます。１９４９年４月４日に調印されました。ここで西側同盟は、大陸欧州の、フランス、ベルギー、オランダ、ルクセンブルグ、イタリア、ノルウェー、デンマークへと拡がってまいります。

重要なことは、アメリカ、イギリス、カナダは共同戦争計画を作成したが、フランスにはみせていないことです。理由は簡単で、見せられないのです。なぜならば、政治的に大陸西欧諸国を引き留めるために軍事同盟をつくったわけですが、戦争計画には実際に守れるとは書いてないわけです。少なくとも当初、ＮＡＴＯは、軍事的には空手形であったと申し上げているのです。

アメリカ統合参謀本部（制服組の一番上の人たち）が、イギリス参謀長委員会と話した内容がそのまま残っていました（アメリカのアーカイブに）。すごいやりとりでした。イギリス側は「明日、あなたたち（アメリカ人）はフランスの参謀本部に行って、いかにフランスを守るかという話をするのですよね」と尋ねました。アメリカ側は「そうなんですよ」と答えます。イギリス側は「どうするのですか、我々の共同戦争計画書には全力でフランスを守るとは書いてないですよね」と追及します。これに対する、アメリカ側の答えは驚くべきものでした。「本当のことをしゃべるのはあなたたちだけです。フランスにはそれなりの話をします」。要するに、うそでいいのだという意味です。

そのように、西側同盟というのは最初から、米英加のあいだではすべての情報は共有なのですが、そこから下位の構成国とは完全共有ではありません。その意味では、政治的な同盟として拡大されながら、なおかつ、ここから先は軍事的には防衛されない地域が存在するという歪みをもっていました。フランスの対応は興味深いので、そこだけはしゃべって前に進もうかと思います。フランスに到着したアメリカ統合参謀本部はこのようにフランス軍首脳に説明しました。実はデンマークもノルウェーも守れないのだと、そのことを今話すと、NATOはつぶれるでしょう。だから違ったかたちで軍事同盟を運営しませんか。しかもあたかもフランスを守るそぶりをしながら、うまく微妙に防衛コミットメントを避けている（具体的には、フランスを大陸西欧防衛用の米英仏委員会に組み入れ、他の大陸西欧諸国よりも高位構成国として処しながら、対ソ共同戦争計画はみせていません）。私がフランス側の文章を見た範囲だと、フランスはアメリカのごまかしをわかっていたとは思えません。

日米安保条約の背景

その次にできたのが、日米安保条約ということになります。その意味では東アジアに延ばした西側の軍事同盟ですね。いろんな契機がありますが、なんと言っても、１９４９年の中華人民共和国の成立、朝鮮戦争というものがあります。もちろん、それ以前から、日本は期待されておりまして、西側諸国の中ではけっこうハイランキングなのです。なぜかと思われたか、と思いますが、アメリカ政府内の基本的な発想は次のようなものでした。

冷戦で、これからアメリカ側とソ連側が争うことになると、最終的になんで勝負がつくかというと、それは工業力であると。ジョージ・F・ケナンというアメリカの封じ込め政策をつくった人物による基本発想から来ています。それは、世界の工業力のセンターというのは五つしかなくて、それはもちろん、平等なかたちではありません。日本もコテンコテンに戦争で負けたように、アメリカの工業力というのははっきり言ってすごいですから、数字にするとこんな感じになります（米国3、英国1、日本1、ルール地方中心の西ドイツ1、そしてソ連1です――ソ連にとってはけっこう厳しい状況ですが、日本とドイツをなんらかのかたちで組み込めば、勝負になるかもというところです。英米側からすると、この圧倒的な工業力優位を維持し、戦争が勃発しても、政治・経済闘争だけという状況が続いても、優位に冷戦を進められる。そしてそれがやがて、どんなかたちであれ、冷戦の勝利につながるというわけです）。

基本的にはアングロサクソン的発想です。すなわち、戦争をやっても負けない、政治闘争をやっても経済闘争をやっても負けない、という不敗のかたちをまずつくってから、ソ連との競争をやる。時間をかけながら、戦争をしなくても向こう側がやがて崩れてくるとなります。それがある意味、結局、みごとに当たったわけです。その中では、英国は常にいっしょにいてくれるわけですから、日独を失わない、できればそれらの力を最大限に利用するというのが焦点になります。日本が大事なのは、この基本的発想にもとづいているためです。だから、日本への愛もあるかもしれませんが、世界のパワーバランスの中で、どこの国を味方に着けておかねばならないか、という基本的計算がそこにあるのです。ここで申し上げたいことは、日本が日米安全保障条約体制に組み込まれたということは、基本的にこの西側同盟に組み込まれたのだと理解すべきということです。

けっこう日本は西側諸国の中でも上位なのです。日米安保条約が署名された9月8日から、5日たちました13日に、イギリスとアメリカのあいだで大論争が起こります。簡単なことです。どこまで日本を守るのか、という問題です。日本を守るとなりますと、対ソ共同戦争計画と関わります。具体的には、ソ連が日本を攻めたとなると、これはイギリスにとって、第三次世界大戦を始めることになるのかという問題が浮上したのです。第三次世界大戦を始めたら、当時のソ連側の攻撃力からいきますと、アメリカにとっては、ソ連の戦略爆撃機は航続距離の問題があり、なかなか届きません。片道飛行で、もうカミカゼ的攻撃しかできないわけです。しかし、ロンドンのほうは、一応、ソ連の戦略爆撃機はソ連国内の基地から出発して、ロンドンに核爆弾を落として帰ることができるのです。第三次世界大戦をやるといっても、戦略的な地理関係の違いで、イギリスとアメリカでは、その意味はまったく違う状況であったわけです。だからイギリスにとって、日本をどれだけ守るか、というのは死活的問題なわけです。できれば、ソ連に日本が攻撃されたからといって「もう極東だけのことでいいじゃないの、もう放っていて」というぐらいで、「アメリカは自前で処理して」というのが、はっきり言ってイギリス側の本音です。いわば、日本問題は朝鮮戦争のように限定戦争枠で処理し、できればアメリカだけでソ連と戦ってほしいという立場でした。ところが、アメリカ側が言い放ったのは、日本はアメリカ国内と同じぐらい重要で、ソ連が日本に攻めこめば、核爆弾を使うし、第三次世界大戦に踏み切るというものでした。もちろん、イギリスにとって、このアメリカの決意は驚くべき内容であったのです。ここで、イギリス側はかなり渋るのですが、最終的にはそれに賛同いたします。かつて日本の左翼の方々は、アメリカは日本を守ってくれないのではないか、という話を延々とされておりました。今でも時々そういう論調がちょこちょこ出るのですけれど、それは根拠がありません。

発見した私もこの米英のやりとりに非常にびっくりしました。これらの文書は、アメリカのアーカイブで発見したわけではありません。疑り深い人は、アメリカはその話をでっち上げて出しているのだ、というふうに思うかもしれません。しかし、これらの文書はイギリスのアーカイブにありました。第三次世界大戦を賭しても守るとする防衛線を、イギリスは「ストップライン」とよびました。ソ連が「これを超えて入ってきたら、第三次世界大戦に突入する」という意味で、ストップラインという言葉を使っているのです。イギリスが嫌がったせいかもしれませんが、最後のところは実は、手書きの万年筆で「ＪＡＰＡＮ」と書いてあります。最終的には、カナダにも話がいったという経緯までは確認しましたが、カナダがそれにＯＫしたかどうかはわかりません。でも理屈上は、カナダは最終的にはジュニアパートナーと言っては失礼なのですけれど、ちょっと国力が落ちますので、反対はしなかったと推察します。西側陣営の中では、日本は重視されていたと思います。

吉田茂が選んだ日米同盟

あと一つのことを申し上げて、前に進みましょう。この案件、いっさい吉田茂首相には説明されておりません。もちろん、全世界用共同戦争計画の存在も知らされておりません。この計画のもとに、極東だけの戦争計画、中東方面、ヨーロッパ方面の各下位の戦争計画もあるのですが、それもみせられていません。マッカーサーに代わったリッジウェイ将軍に提出された「もし戦争になったら、どうやって警察予備隊そのほか日本の警察を使うか」という計画書にすら、「リッジウェイ将軍の許可がないかぎり、日本国籍の者にはいっさい見せてはならない」と書いてあります。その意味では、西側同盟の中では、日本の地位はわりと高いが、その扱いはなんでもかんでも共有するものではない、というふうに理解していただければ、けっこうかと思います。

吉田政権が選んだものは、日米同盟というかたちであったが、日本はこのようなハイラルキー的な西側同盟に組み込まれたのです。ただ、良いことも確認しておきましょう。アメリカからすれば、工業力をつけてもらわなくては困るわけですから、日本の復興には、アメリカ側はものすごく努力いたしました。最初のアメリカの努力は、東南アジア市場を開いてくれるようにイギリスに圧力をかけたことです。イギリスの中では、日本にこの市場を乗っとられてしまうとの懸念があったにもかかわらず。結果的にはそうなりましたけれど、それが一つです。

さらなる日本の国力充実を確保するために、アメリカ市場も開きました。今では、ご存じなように、トヨタの車が一番売れるところまで、アメリカ市場も開放いたしました。その結果、どうなったかと言いますと、戦前の日本は、資源と市場をもとめて大陸アジアを侵略しましたが、それが要らなくなったのです。米英が日本に資源と市場を供給したのです。もちろん、日本国内でも、ものづくりのクオリティが上がって、軍事的圧力のもとでしか売れない、そんなくだらないものではなくて、立派なものができるようになりました。つまり、アメリカ市場で売れるようになったし、欧州市場でも売れるようになったということで、グローバルなトレードパワーとして日本は先進国入りしたわけです。明白に、米英がその道を開いてくれました。それは彼らの計算からすると、もちろん西側に入った日本が国力を上げてくれたら、その分だけ冷戦に貢献するということです。彼らにとっても得だったし、私たちにとっても、わざわざアジア大陸で戦争する必要はなくなりました。しっかり働いて良いものをつくっていれば、どんどん売れるようになりました。西側同盟の安全保障のもとで、私たちの経済活動は成功し、こんにちの経済レベルに至っていると理解する必要があります。

これ以外の選択肢があったのだろうか、という疑問がまだ残っています。ご年配の方々、吉田政権時代を知る人は「吉田内閣は人気がなかった」ということをご存じかと思います。吉田が選んだ日米同盟は「とんでもない」というのが、60何％ぐらいの日本人の感想であったことを確認しておきたいのです。何年かたって成功するうちに、吉田さんは立派な人だったのがわかってきたのです。どれぐらいすごいと世界的に思われているかというと、ニューヨーク・タイムスをご存じですよね。その別冊にニューヨーク・タイムス・マガジンというのがあります。その中に「20世紀の政治家で、偉大な10人選んだら」という記事がありました。吉田が選ばれているのです。もちろん、ほかの日本の政治家は入っておりません。アメリカあたりでも2、3人、ウィルソン、ローズベルト、トルーマンぐらいで。それでもアメリカは三席もとったかなと。あとはスターリン、毛沢東とかで、吉田さんはあのクラスと世界では見られているわけです。

鳩山一郎の自主国防路線

じゃ、お辞めになった鳩山さんのお祖父さん、鳩山一郎さんはどうか。彼もそれなりに仕事はしているのです。日ソ共同宣言と言いまして、日本とソ連との平和条約ではないけれど、戦争状態を止めることで成功なさっております。なおかつ、日本の国連加盟でも成功なさっております。さらに自由民主党をつくっております。もとは自由党と民主党でした。いわゆる「五五年体制」という非常に安定した体制をつくられたというところでは、鳩山一郎さんは優秀な人であったのです。同時に、国防の観点からは、自主国防路線を考えた人でありました。

鳩山一郎さんは、小説『吉田学校』に何回も出ておりますが、本来は戦争が終わって、すぐに首相になるはずだったのです。パージってご存じですか。軍国主義者は当然としても、アメリカ側にとって都合の悪い人物も、難癖をつけて、政界から追い出していました。鳩山さんに対する難癖はかなりのもので、１９３０年代に書いたエッセイにヒトラーをほめるような一節があるだけですから。だから、鳩山家にはそれなりに、反米ルサンチマンが残りました。

他方、旧陸軍参謀、とくに服部卓四郎元陸軍大佐という人物がおりました。鳩山一郎さんはそういう人たちとつきあっておられます。服部卓四郎さんは、旧軍の復活をめざし、いわゆる「服部グループ」という旧陸軍参謀グループを形成しました。はっきり言って、旧陸軍の基本的発想＝プロシア型の軍国主義を、警察予備隊やがては自衛隊に導入しようとしたグループです。

服部グループ関係の文書を読んでみますと、第三次世界大戦を利用して、日本は満州、中国に資源をもとめなければならないと書いてあるのです。まだ、こういう人がいたのかと思いましたね。１９５１、５２年の話です。朝鮮戦争のときの話です。だから、第三次世界大戦が始まったら、これを利用して日本はとにかく大陸にもう一回進出するのだというのです。これが自主独立路線なのです。アメリカを徹底的に利用しまして、自分ところの国力が上がってきたら独立してバイバイと、というのが服部の基本的な発想なのです。鳩山一郎はこんな人とつきあっているのか。ある意味ショックでしたね。

由起夫さん、一郎さんが服部グループと同様の発想をもっている確証があるとは言いません。ただ自主国防には、大きな危険がともなうと申し上げたいのです。「アメリカは出ていけ、自分の国のことは自分で守る」というのは一見、当たり前の話に聞こえるかもしれません。でも、どうやって市場とか資源を確保するのですかと問いたいのです。

日本は西側同盟の一員になったから、米英によって市場も開けていただいて資源も確保していただきました。石油というのは、誰が守ってここまで来ているのですか。基本的にはアメリカ海軍が守る海の上を、タンカーがやってきているのです。自主国防になって「アメリカさんバイバイ、僕たちは一線を画します」となったら、明日から自分で資源を確保し、市場も確保してとなります。「いや、トヨタの車は、優秀だからどこでも売れるにちがいない」と思われるかもしれませんが、ほんとうかなというのが私の本音です。

あと自主国防となりますと、大変高価なものとなります。西側同盟では、攻撃するのは米英、せいぜいフランスです。彼らは核兵器も保有し、強力な攻撃部隊をもっています。それに対応する攻撃力を日本がもつとなると、現在でさえも、4~5兆円になっている防衛予算が3倍くらいになります。借金まみれの日本が、3倍の防衛予算をどうやって工面するのですか。およそ普通の考え方ではありません。20年前でも厳しい話です。バブルをすぎまして、今はもう考えることすら難しいと思います。

これから先、自主国防の話をする右側の人たちはニョキニョキ出ていらっしゃいます。最近ちょっと驚いているのは、神戸あたりでも右翼のデモを見るのです。昔は左翼のデモをよく見たし、ここに参加していらっしゃった方もいると思いますが。右翼のデモでは、大陸再進出までは言っていませんが、その一歩二歩手前ぐらいの内容のビラがばらまかれていました。「世の中変わったな、と同時に、今度は右翼にも備えなくてはいけない」と心の中で思ったわけです。その意味では、自主国防の向こうにあるもの、それがなぜできないかについて、しっかり議論する必要があるかと思います。

逆に左側といいますか、一つは福島さんの、究極的に社会民主党がねらっているような中立平和路線について述べさせていただくと。別にダメとかいうものではなくて、意図は美しいものがあるし、そこは評価するのです。にもかかわらず、どうやら日本のまわりを見ただけでも、日本海に面している小さな国は相当、これからも問題を引き起こしそうだなと思います。中国とは良好な関係で行きたいけれど、明日どっかで転ぶとどうなるかわからないなと、不安定な要素もあります。日本も１９６０年代から50年、簡単に来たようにみえるけれども、実は山あり谷ありでした。赤いヘルメットをかぶって角材もって、ものすごいデモがあったかと思えば、米軍基地の前では座りこみ運動があり。それだけではなくて、ほんとうに革命が起きるようなすごいデモ、もう何万人といましたね。メーデーなんか、最近は軽いものになりましたが、かつて生活が苦しいときはすごい数の人たちが明日をもとめて集まったものですよね。よくまあ、政治的にここまで来たなあというのが、55歳の実感です。

中国の軍事力

中国って、人口10何倍ですよね、日本と比べて。日本の経済的成功はあれほど大変だった。なんとか来れたという日本の苦悩、その何倍かの苦悩を、中国人の皆様は経験するのではないかと心配しています。個人的に言わせてもらいますと、まだまだ、中学生を高校に入学させられない、そんな家族がいっぱいいらっしゃる。ほとんどの中国人の家庭で、このように考えられているのではないか。どうして今、あんなにでかい軍艦をつくってるの。どうして戦闘機をあんなにたくさん、ロシアから買ってるの。

ある意味で、現在、中国は大きな失敗をしているのではないでしょうか。教育に投資するお金は必ず返ってまいります。私は専門家として、軍事に投資しても、ほとんど返ってこないと請け合います。はっきり言って、とくに海軍は金食い虫です。１９７０年代から８０年代のソ連の大海軍が、ソ連崩壊を経て、ダメになった姿はひどいものでした。今でもナホトカとか、ウラジオストックの方に行かれたらわかりますが、もう軍艦の墓場です。これを墓場と言うというぐらい、かつてのソ連の軍艦がドドドッともう朽ち果てていくだけ。あげくのはてに頭にきたのが、すでに処分したのかわかりませんが、ソ連原子力潜水艦の原子炉、それを放置すると、日本海に放射能が出てくるのです。その処理料を誰が払ってきたのかをご存じですか。日本なのです。いかにペイしないか、しかも周りの国にも迷惑をかける。だから、中国人の皆さんに申し上げたい。国一丸となって大洋に出てくる大海軍を考えてらっしゃるかもしれませんが、これに成功した例は、ほとんどありません。ソ連も失敗したし、歴史をさかのぼれば、ドイツ帝国も大失敗しています。歴史的に見れば、中国が行っていることは順番が違うのではないか。ほんとうに中国の発展を考えたら、教育とくに一人でも多くの中学生を高校に、一人でも多くの高校生を大学に入学させることを熱心にやるべきじゃないのか、と思っております。私事ですが、1971年、私が高校に入学したとき、かつてお金がなくて中学に進学できなかった父親が、スイス製の腕時計を買ってくれました。いまでも父と母が顔を見合わせ「ようここまできたなあ」とうれしそうに言い合っていたことを覚えています。

話は前後しますが、社会民主党の発想は素敵な理想かもしれないけれども、現実的でないと思います。若いときは立派だなと思ったこともありましたが、人生いろいろ考えて、不安なところはやはり不安で、それに対する手当てがないと。まっ直ぐには人生いかないものだし、そのような人生の教訓を得たようです。その中では、理想ばっかりでも食っていけないし、理想ばっかりだと自分の身を守れないというふうに、私の頭では思ってしまうわけです。気弱なお前だから、と言われたらそれで終わりですが、それが正直なところです。

北朝鮮の脅威とミサイル防衛

さて、もっと喫緊なところで、具体的に日米同盟がなかったら、何が困るのでしょうか。具体的にいっぱいあるのですが、重要なところを二つだけ言います。

一つは北朝鮮との関係です。北朝鮮からミサイルが発射されて、日本の上空を飛ばれて、どうなるのだと考えた方がいると思います。基本的にミサイル防衛というのがあるのだというのは、皆さんもご存じだと思います。ミサイル防衛も実験で、当たったり当たらなかったりするのですが、何にもできないのと比べると、ミサイル防衛の能力があることで、安心感があるじゃないですか。ミサイル防衛を長い間研究して、研究論文も書いて、講演とかもさせていただいた私としましては、それなりにうまく当たる環境を整えれば、かなりの確率で当たると思います。

実は、最初の作戦の部分が重要です。数字で恐縮ですが、北朝鮮から日本に届きうるミサイルというのは200発（正しくはミサイルを基と勘定しますがここでは慣用で数えます）しかありません。そして、ランチャーが75台です。ランチャーとはミサイルを打ち上げる発射装置ですが、このランチャーとミサイルがあって、はじめて打ち上がるのです。だから、Aという時点で最大限75発打てるのです。ただし全ランチャーからの同時発射、こんなことはアメリカやロシアぐらいでないとできません。それで、たぶんありそうな数字はこれぐらいだと思っております。一気に30発打ち上げることができるのか、それもかなり疑問ではあるのですが。それで一応想定してみましょう。それらを撃ち落とすのは、ご存じかと思いますが、基本的には、二段構えです。米海軍と海上自衛隊のイージス艦というのがありまして、それらから中距離用スタンダードミサイル（SM－3）で、日本海上空を飛行している攻撃用弾道ミサイルを撃ち落とす。これが第一段です。それで撃ち落とせなかったミサイルは、日本上空でＰＡＣ―３という短距離用ミサイルが撃ち落とします。スタンダードミサイルはこれからもっと進化すると思います。将来はかなり高々度までカバーでき、複数の弾道ミサイルを1発で迎撃する能力をもつようになるでしょう。ＰＡＣ―３は、迎撃可能範囲が15ｋｍぐらいしかありません。簡単に言っちゃいますと、神戸なんか、ＰＡＣ―３に守られていません。二段と言っていますが、ほんとうはかなりの地域が一段構えのミサイル防衛なのです。東京あたりだと二段になるのですけれど、これも守れている場所は狭いです。

ただしスタンダードミサイルだけの一段目迎撃とは言え、2回ぐらいの迎撃回数が可能です。短い時間ですけれど、基本的には1回の迎撃に2発のミサイルを発射します。それで外れたら、また2発、発射します。確率的に言いますと、最高にうまくいく場合が1回あたり95％命中なのです。ここでは、90％というふうにいたしましょう。そうして2回迎撃しますと、ここを突破した段階で、東京に届くのは1％です。さらに国会議事堂に向かっているミサイルがあるとしましょう。そうすると、ＰＡＣ―３がもう1回迎撃しますから、さらに確率が下がることになります。そうすると理屈上は、1回の攻撃を1000回繰り返して、1発のミサイルが突き抜けるかどうか。30発しかありませんから。なぜ最初の30発が重要かというと、30発のミサイル発射のあとは、基本的にアメリカが巡航ミサイルと戦闘爆撃機で攻撃し始めますので、このランチャーが逃げざるをえなくなります。集中して攻撃準備ができなくなります。たいていはモバイル・ランチャーですから、トラックみたいなものです。サーッと移動するのですね。そうしたら今度、ミサイルの軌道計算を計算し直さなくてはいけないのです。計算し直して、どの方向にどういうふうに出すか、ということをやらなくてはいけないので、その間、時間がかかってしまうのです。

日本は迎撃用のイージス艦を最終的に6隻、整備する予定です。しかしアメリカは、なんと12隻も極東に配備する予定です。えらく力を入れてくれているのだな、というのが私の印象です。日米合わせて18隻なのですけど、18隻をズーッと実戦配備するわけではありません。海軍というのは、基本的に半年作戦活動をやって、帰ってきて半年休養と修理です。その次の半年は訓練をやります。だから1年半を、半年割りで回転させることになっております。日本の場合は2隻、2隻、2隻。アメリカの場合は4隻、4隻、4隻。Aという時点では基本的に6隻です。最終的に1隻あたり約30発の迎撃ミサイルを発射可能と計算しますと、だいたい180発。これを1回の迎撃の2発ずつで割りますから、基本的に90回の迎撃回数です。これをさらに2回繰りかえしても45回となり、攻撃ミサイルに対する数合わせは何とかなるということです。

ミサイルを、さあ今から相手が「1発、1発」と個別に発射するとすれば、かなり簡単に落とせるのですが。30発がいっせいに発射されると、イージス艦といえども、レーダー能力の限界がありまして、それを超えることがあります。基本的には5発から6発ぐらいまではいいのだけれど、最初から30発が同時に発射されると、90%の迎撃率が低くなってくると思われます。これは残念ながらあるわけです。もちろんこれは、相手の作戦上の意図・実行にもよりますが、それでも迎撃成功のチャンスはかなりあります。基本的にノドンミサイルというのは液体燃料ですから、ミサイルを直立させてから燃料を入れるのです。1時間ぐらいかかります。雲がかかると、なかなか厳しい場合がありますが、雲がかかってなければ、基本的にわかります。ということは、日本に向けて30発ぐらいが鎌首を上げた瞬間に、北朝鮮側にどういう意図なのかと質すことができる。これが45分を過ぎて下げない場合は、基本的に、こちらを攻撃するのかという話になります。最初の時点での迎撃は非常に難しいのですが、相手の攻撃開始後はランチャー自体を攻撃することが可能なので、相手が最初のところで大規模攻撃に失敗すれば、その後はそんなに心配したことではないということになります。その意味では、ミサイル防衛は非常に意味があり、そのために日本もアメリカも相当に努力しています。

さらにミサイル防衛で大切なのは、ミサイルでミサイルを撃ち落とすことよりも、実は「あっ、今、ミサイルが発射されました。どの方向から、どれぐらいのスピードで、そっちに向かっています」と、この情報を獲得し伝えるほうが、はるかに重要なのです。そのための衛星ネットワークと情報を即座にまわすシステムというのはアメリカが独占しています。ズバリ言いますと、ミサイル防衛はアメリカの全面的協力なしには成立致しません。日本だけではできません。したがって、北朝鮮のミサイル攻撃という脅威から逃れたいのであれば、アメリカの全面協力なしにできないと考えてください。

ただ、このような軍事的な計算が大事ではなく、ミサイル防衛はあくまでも抑止用であることに留意してください。つまり北朝鮮が1発のミサイルも東京に打ち込めない状況をつくりだし、攻撃をひかえさせることが最大の目的なのです。

沖縄基地問題と台湾防衛

今度は沖縄に少し関係ある話になります。日本のテレビとか新聞は、台湾の防衛問題を書きたがりません。沖縄がなぜ戦略的に重要なのかという問題です。台湾、石垣、宮古、沖縄本島の地理的関係を見てみましょう。もちろん朝鮮半島用としても重要ですが、どう考えても、沖縄県の基地は台湾防衛用としてより大きな役割を果たしています。

沖縄の基地問題ついて、結論的に述べれば、普天間は移転可能です。しかし絶対に動かせないのは嘉手納です。嘉手納の空軍基地というのは、極東の中でもっとも大きく、もっとも強力な空軍基地です。嘉手納の基地がなぜ重要なのでしょうか。台湾と中国は台湾の独立問題を抱えていて、政治的な展開によっては、中国の台湾侵攻もありうるという状況です。中国の防衛予算の目的として、グローバル・パワーになるというのもありますが、それよりも優先して、台湾を武力「解放」できるだけの軍事力を揃えなければいけないのが国是になっております。その意味では分裂国家の軍事解決がありうるのです。これを避けるため、台湾側も相当額の防衛予算を組んで兵力増強につとめています。

私の判断では、中国軍が全力を投入しても、台湾を武力解放するというのは難しいと思います。これから、多くの軍事専門家と称する人たちが「台湾が危ないとか、戦闘機がどうのこうの」言うのでしょうが、軍事的にみると、武力侵攻するのは至難の業です。にもかかわらず今、脅威として重要なところだけ言いますと、それは空です。ほんとうは海もあるのですけれど。中国側はお金がありますので今、中国空軍を根本的に変えております。表面上の数字をみますと、3000機から1600機へと半減ですよね。旧式の空軍機を廃棄して、新しい空軍に換えている最中なのです。中国は最新鋭のロシア製戦闘機を導入しています。詳しくいうとスホーイ27とか、スホーイ30とか言うのですけれど、30は基本的に、27の改変版です。スホーイ27はよくできた戦闘機でして、現在の中国はこれを200機から300機に向かってその保有数を増やしています。そのほかにもちょっと格は落ちますが他の型の戦闘機を数百機、整備中です。相当、空軍力はアップしています。台湾のほうは、このレベルに1機対1機で対応できる戦闘機はありません。その次のランキングあたりから、数合わせで500機ぐらいはあります。じゃ、大丈夫なのかと思うかもしれませんが、高性能の戦闘機は通常2対2で、2機どうしが絡まるようにドッグファイトして、どちらかが1機落とされたら、そのまま帰ってしまうというのが基本的な戦い方になっています。

この場合は、中国側が攻めてという話になりますが。「バトル・オブ・ブリテン」という有名な戦いをご存じですか。１９４０年の6月から9月にかけて、実は3月から始まっているのですが、ドイツ空軍がイギリス本土に一大航空攻撃を仕掛けて、イギリス側の戦闘機部隊がなんとかイギリスを守りきって、第二次世界大戦初期に、イギリスが敗戦することがなかったのです。その例をみても、両国が飛行機とパイロットをどんどんと失っていくことになります。もともと台湾側には５００機しかありませんから、中国側の１０００機＋アルファ（たぶん戦争前にもうちょっと数を増やすでしょう）の空軍機との対決を考えると、台湾側がほとんど動けなくなる50機ぐらいに減ったとき、相手はまだ３００、４００機あります。次の段階として、中国の海軍と陸軍が上陸作戦をするという展開になるでしょう。

このときにアメリカ側が、嘉手納から台湾の制空権をキープするために、戦闘機を派遣したとしましょう。中国空軍といえども、すでに手負いの状況で、米空軍に対抗することは難しく、台湾側が準備している巡航ミサイル部隊とその陣地に効果的な攻撃をすることはできません。おそらく台湾側は、中国の陸海軍の上陸部隊に対しまして、巡航ミサイルを使います。海面すれすれで相手の船に向かっていくミサイルを台湾はたくさんもっていますので、中国側としては、台湾側の戦闘機部隊をほぼ全滅させ、なおかつ上陸部隊を守るために、台湾の巡航ミサイル陣地を破壊する必要があります。それで初めて上陸できるのですから、大変な仕事です。だから、米空軍が台湾の制空権をキープして、巡航ミサイル陣地さえ守れば、中国は台湾との航空戦で勝っても、基本的に台湾には上陸できません。嘉手納基地はそのためにもっとも役に立つのです。実は、中国もこの戦略的状況をよく理解しています。それゆえに、中国は台湾への武力侵攻をあえて試みることはありません。

嘉手納基地は中台武力衝突を事前に防ぎ、平和に貢献しているのです。あとは、嘉手納基地の機能を沖縄県の他の基地がいかに支援するかという問題だけになります。

日米同盟は日本を守るだけでなく、韓国、台湾を守る軍事同盟として機能しております（韓国防衛の話はできませんでしたが）。これは現実です。したがって単に、沖縄を日本の国防だけで考えるというのは問題があって、やはり5000万人の韓国の皆さん、2300万人の台湾の皆さんの民主主義を守る安全保障の体制でありますので、それに対して日本はどう責任をとるのかと言いたいのです。日本の全面協力がなかったら、米軍は台湾・韓国両国に対して、効果的な援助はできません。台湾の馬英九総統は、日米間で沖縄の問題が早く解決することを祈るというメッセージをわざわざ出しているのです。それを読んだとき、ああ、やはりそうなのだと感じました。馬総統も沖縄の問題は台湾の生存問題に直結すると理解されているのです。

国防と新西側諸国

それなら、日本は自国の国防だけでなくて、韓国や台湾とかいったほかの民主主義国、広い意味での西側諸国をも守っていると言っても過言ではありません。日本は消極的なパートナー、つまり日本はアメリカに守ってもらってそれでいいと言うのではなく、実質的に、韓国、台湾を守っている積極的なパートナーと言えるのです。実は中国の力が上がってくるにつれまして、ほかの旧西側諸国も日本にラブコールを送り始めて、それが少しずつですが、実を結びつつあるのです。そこだけお話をして皆さんのご質問を受けたいと思いますけれども、ラブコールをしているのは、ズバリ言ってオーストラリアとインドです。将来をみこして、中国が不安定なので、もし何かあったときの備えとして、日本との関係を深めておきたいというのが基本的なラインです。日本も東南アジア、および南アジア方面に不安定なことがないように望んでいるのでありまして、それなりに協力は、下の方からゆっくりと積み上げております。数日前に日本とオーストラリアの間で、一部の軍事部品の共有に関する取り決めが結ばれたと新聞に書かれていました。

　ここで大事なことは、中国を敵にする必要はいっさいないということです。今の段階では、中国を敵にせず、軍事的な野心は中国にとっても損であるというメッセージを発する方が大事なのです。ほとんどの中国人も軍事的な選択肢を望んでいないと、私は確信しています。軍事的大国をめざすよりも、民主的でより豊かな中国をつくるほうが大事じゃないですか、というのが基本的な私の立場です。旧西側、いや私の言い方では新西側諸国がつながっていく。敵をとにかくつくらないことです。どう考えたって、日本・オーストラリア・インド・米国の4か国と軍事的に同時に対決し、それらを前にして、軍事的な圧力でほかの国を思いのままに動かしてみようという国は出てこないと考えます。敵をつくらずに、旧西側諸国をつないでいくことによって、平和で豊かで自由なアジアを実現したいものです。そして世界に新製品と新しい文化を発信する積極的な日本というのを選びたいものですね。最近は内向きの日本になりまして「できればもう何もしないで人生を楽しく終わったらいいわという国になるのではないか」という不安感もありますが。どっこいそうではないというところを、積極的なかたちで西側に貢献するというかたちで表現すべきではないか。それでは、皆さんのお叱り等のご意見をちょうだいしたいと思います。

〈参考文献〉

五百旗頭真編『日米関係史』有斐閣　2008
梅本哲也『アメリカの世界戦略と国際秩序』ミネルヴァ書房　2010
楠綾子『吉田茂と安全保障政策の形成―日米の構想とその相互作用―１９４３～１９５２年』ミネルヴァ書房　2009
柴山太「日米防衛協力と同盟ミサイル防衛（AMD）への道」『国際安全保障』第29巻第４号：pp.59-79：2002
柴山太『日本再軍備への道―１９４５～１９５４年』ミネルヴァ書房　2010
船山洋一『同盟漂流』岩波書店　1997
村田晃嗣『現代アメリカ外交の変容』有斐閣　2009

関西学院大学総合政策学部公開講座
「グローバル社会の国際政策」第３回

日本にとって 国際協力は何を意味するのか？

◆西本昌二

プロローグ　理念と行動の整合性

本題に入る前に、理念と行動の実態が合致することの重要性について、ひと言述べます。私は大阪の堺の出身で、大阪大学の経済学部を卒業してから、某都市銀行に勤めました。しかし、いわゆる3日3週間3カ月というサイクルの中で、営業の現実と企業理念はまったく異なるという企業の厳しい内情に落胆して、3カ月で退職しました。たまたまアメリカの国務省が出している大学院奨学金の試験を大学4年生のときに受けていまして、その最終審査に通ったこともあり、6月に夏期ボーナスをもらって辞めさせていただいたのです。その某銀行は、マージャー・アンド・アクイジッションで、現在は存在していません。

なぜ、辞めたかという理由を、今日の議題との関係で述べます。私は実はかなりの期待をもって銀行員になることを選び、銀行業務をつうじて日本の社会を改善したい、と願っていたのです。当時の日本は公害がひどかったです。光化学スモッグで、小学校の運動場などでは子どもがバタバタ倒れるとか、洗濯物を外に出していたら逆に煤煙で黒く汚れるとか、川から魚がいなくなるとか、1960年代後半から70年にかけては、そういうひどい時代だったのです。

当時、その某銀行は、〝皆さまのお役に立つ銀行〟というキャッチフレーズを使っていましたが、企業の社会的責任（CSR）などという格好いい言葉はまだなかったころです。しかし、この銀行は、〝皆さんのお役に立つ〟ということで、少なくともCSR的な戦略目的、企業理念をもって、存在してるのではないか、営業をしてるのではないかという妄想にかられて入行したのです。新入行員だから元気いっぱいで、この企業理念にそって、まず一つ目に、環境に優しい技術を開発してる企業とか、エネルギー効率のいいボイラーなんかを導入しようというような企業には、優先的に低金利で融資をするようなことをしたらどうかという提案をしました。すると、「お前は何を考えているのか？　当行はＳ銀行としのぎを削って、ボトムラインで競争しているのだぞ」と。「そんなときに、うちの損益勘定が悪くなるようなことができるのか。うちは慈善事業ではない」と言われて、提案はみごとに却下されました。

もう一つは印鑑の使用についてです。当時は銀行の自分の口座から百円引き出すのにも印鑑が必要だったのです。出金伝票に記入し、ハンコを押して窓口に提出すると、私のような支店にいる一番下っ端の行員が、印鑑照合というのをするわけです。支店に届けられてある口座の印影の元帳というのがあり、あいうえお順に口座がズラーと並んでおり、大変厚くて重いものです。それで、たとえば山田さんが来られて出金伝票を出されると、伝票に押してある印影を登録してある山田さんの口座の印影と合わせて、本物かどうかチェックしなくてはなりません。これは肉眼で行員がチェックしないといけないのです。そういう規則になってました。その印鑑簿というのは当然のことながら、日に何十回、何百回と使う。だから、表紙はボロボロになっていて、重いし、みんな机の下で、粗雑に扱われてました。

しかし、これをやらないことには、たとえ百円でも、出金してはいけない。私の兄がたまたま電子工学をやっていて、当時オムロンという会社に勤めてました。その兄に聞くと、こんなものは電子的に処理できるという。だから「印鑑を必要とするんなら、印影を電子的に処理してコンピュータに入れておいて、ポッときたらパッと電子的に照合してブーと鳴るか、ＯＫとなればいいじゃないか」と提案しました。もっと言うと、印鑑なんてやめてしまえと。

当時でも、アメリカなどでは、クレジットカードがどんどん進んでいました。だから、プラスチックのカードでスパッとやったら、中に暗証番号が入っていて本人かどうかがわかる。つまり、本人を確認することが目的であって、印鑑そのものが重要だということではない」という議論をやったのです。これもノー。「お前は商法を勉強したのか？　何を寝ぼけているのか？　商売の基本は印鑑にあり。」ということを言われました。「印鑑はまさしく銀行員の生命、昔の武士の刀みたいものだ。だから印鑑を粗末にするようなやつは銀行員、失格だ。」と言われて、これも却下されましたね。それでもう、このような銀行におったら将来はないと思って辞めたのです。そこで今、常に印鑑をもって歩いている人がいるでしょうか？　ＡＴＭでお金を下ろす時に印鑑を考える人はいないでしょう。

それから、環境に優しい融資とかはもう現在では常識になっていますね。いろんな企業が社会的責任をもって、企業の損益勘定だけじゃなくて、企業の存在そのものが社会の存在と同じであるという認識は、もう常識になりつつあります。私の勤めた銀行はせっかく良い企業理念を掲げていたにもかかわらず、それを実行に移すいわゆる〝行動計画（Action Plan）〟がなかったのです。私の経験は40何年前の話なのですが、企業理念、戦略目的と実務の整合性が大事だということです。

関学でもいろんな苦言を発してます。大学にはいろんな背景の先生がいまして、私のように外から来た人間から見ると、教育の世界というのは非常に異文化で古臭くみえます。だから、大学でももっと改革してほしいと思います。特にわれわれの年代は、東大の安田講堂が燃えたあのころで、私も大学の卒業式がなかったのです。卒業式をやる中之島の講堂は全共闘が占領しており、卒業式はゼミの先生のご自宅でやらせてもらいました。当時から、大学の民主化なんてことを言っており「教授会はもっと情報を開示しろ」とか、「学校運営に学生を参加させろ」というようなことを言っていました。この分野ではぜんぜん進歩が見られないと言っていいでしょうね。

実は関学には、学生の自治会というのが存在しません、学部の自治会というのが法学部にはありますが。学生自治会のない大学なぞ、私には考えられません。自治ができないような学生が、自治に興味のないような大学を出た学生が、どういう社会人になるのかは明らかです。「近ごろの若い者は……」という前に、今の大人が何をしてこなかったのか、反省する必要があるでしょう。

いろいろ言ってきましたが、要は物事の筋をきちっと通すことが重要だということです。これは今日のテーマにもあてはまることです。

1　ODAの実態

ODAの必要性

今日の主な課題は、パンフレットにある「日本にとって、国際協力はどういう意味なのか」ということですが、これはむしろ〝日本人にとって〟と思っていただいた方がいいでしょう。われわれ個人個人にとって、いわゆるODA（政府開発援助）はどういう意味があるのか、考えてみましょう。援助というと、こんにち非常に響きが悪いですね。援助というと、何となく高いところから下をみて、「お前ら、かわいそうだから何かやってやろうか」という感じなので、最近は〝協力〟という言葉を使っているのです。いわゆる〝コーポレーション〟です。そのいわゆるODAはどういう意味をもつのか、という議論ですが、そもそもなぜ政府開発援助なるものが必要なのか、という疑問について、少し考えてみます。

好むと好まざるとにかかわらず、世の中には金持ちと貧乏人がいない社会はありません。国家間の所得格差には、歴史的な背景がたくさんあるというのはよく理解されていると思いますが、とにかく、今日現在、地球という星を宇宙から眺めてみたら、富める人と貧しい人、それから富める国と貧しいというか所得の低い国が存在しているのは事実です。だから、まずこの事実を認識することが必要です。「そんなことはわかっとる。日本は島国で、もちろん日本の国の中でも金持ちと金持ちでない人がいるではないか。だから、そんな海外のことは放っておいて、自分たちの社会のことだけを考えていたら、いいのではないか」と言う人もいるでしょう。しかし、そうはいかない時代になってる理由があるというのを今日、納得していただいて帰っていただければ、ありがたいです。

世界の中ではいろんな国・地方で所得格差があります。たとえば200年ぐらい前をみると、一番リッチな国と、そうでない国の所得格差とはどのぐらいだったのでしょうか。だいたい3対1ぐらいだったのです。だから、いいとこ3万円と1万円ぐらいの所得格差しかなかった。それが現在は、どのぐらいなのか。何百倍です。なぜそうなったかという大きな原因の一つは産業革命です。その産業革命が、イギリスを中心に起こって、これで飛躍的に生産性（特に工業部門で）が向上し、その過程として植民地支配が進みました。植民地というのは、ご存じのように原材料の調達と出来たものの市場の販路に都合の良い存在なので、植民地化が進んだわけです。すると、当然のことながら植民地にされた人たち、そういう国は、技術の移転ももらえないし、自分たちが一所懸命働いた結果の利潤は本国に吸いとられてしまいます。ということで結局、貧しいままで残ってしまった例が多々あります。

それで今、先進国といわれている国の中で、植民地を一番うまく活用した国はどこか？　当時一番リッチな国の宗主国というのはイギリスでした。アメリカを植民地化したのもイギリスです。それからイギリスはインドなどにも支配を進めましたし、アフリカの英語圏はほとんど元イギリス領です。そして日本みたいなちっちゃい島国のくせに、大英帝国という自分の国の中で、日の沈むことがない巨大な国を築いたのです。これは世界中に植民地を築くことで可能であったからです。

イギリスは、現在「ディフィッド」という政府開発援助をする省庁をもっています。その機関と、私もUNDPにいたとき、何回も仕事をしたのですが、ものすごく良いことを言っています。貧困をなくすとか、良き統治を推進させるとか、それに女性の権利を守るとか、それにHIVエイズと闘いますとか。さらに、紛争の解決ないしは防止のために一所懸命やりますとその政策書には書いてあります。しかし、そのような背景、原因をつくったのはいったい誰だったのかと問いたい。とは言っても、そういうことをこんにち言ってもしかたがない、過去のことだからです。だから、いわゆる開発援助業界と言うか、世界中でそういう開発援助関係をやってる人間が集まるところでは、罪のなすり合いみたいな議論はもうあまり出てこないですね（中国がGroup of 77 plus ONE で、これに似た議論をすることがあるし、またキューバのカストロ議長は一貫してこの点を主張し、途上国の支持を得てはいますが）。私はこの事態を、30年以上途上国支援の仕事をしてきて、非常に腹立たしく思っています。

一方、日本は、アフリカでは悪いことはしなかったが、アジアでは帝国主義的な侵略をして非常に悪いことをしました。しかし、悪いこともしましたが、結果として、日本の海外侵略は良い面もありました。たとえば、台湾の今の産業の発展の基本的な地盤をつくったのは日本の植民地政策です。地主階級から産業資本家への転換を図ったのは日本の政策だったのです。しかも、いろんな産業をいろんな地域に分散するというやり方をしたのも日本の当時の植民地政策です。だから、台湾は日本の植民地政策が非常にうまくいった成功した例だと考えていいでしょう。こんなこと言ったら、日本の過去の植民地政策を正当化するのかと非難されるでしょうが。また朝鮮半島でも日本は、植民地政策を展開してきたのですが、ここではあまり成功しませんでした。これには、いろんな原因があります。これについては、また次回に議論しましょう。

さて、イギリスの話に戻りますが、他に、フランスとか、ドイツとか、ベルギーとか、オランダとか、スペインとかが世界中に植民地をもちました。その結果、かつての植民地支配を受けた国々は、いまだに開発戦略で悩んでいます。最大の理由は統治のやり方です。ヨーロッパの宗主国は非常に姑息なやり方で植民地支配を進めたのです。これらの国は、植民地の社会のある一つの部分を、社会のグループの中の一部分を支配層としておいておいて、その連中を本国の大学などに留学させたりして教育しました。私はフランス語圏のケースをよく知っていますが、アフリカ人などのエリートで、フランス語がすごく上手で、フランス人よりフランス大好きという人がいます。また、インド人で、英国人より英語ができる人がたくさんいます。英国大好き、フランス大好きという現地人をつくっておいて、その人たちにその他の現地人を支配させるというシステムをつくったのです。当然、そういうシステムを根本的に直す、換えるということは、すなわち、すべての国民が平等な社会をつくる、人民主体にする、民主化するということで、これは非常に難しい。私は植民地支配の罪悪、コンセプトというのは非常に奥深いものがあると思っています。だからこそ、逆に言えば、かつての植民地支配をした国は今、一所懸命、民主化とか、人権とか、女性の地位の向上とか、そんなことを謳《うた》ってるわけです。

日本型ODA

では、今日の主題の日本の政府開発支援の理念は何か？　日本は自公政権のもと、ずっと二つの目的を上げてきました。海外で開発支援する目的の一つは、日本は島国で資源もないし、貿易で生計を立てることです。ということで、第二次世界大戦の反省も含めて、海外の国と仲良くしなくてはいけません。原材料も輸入させてほしいし、それから日本のつくるテレビや洗濯機も売りたいというので、植民地の支配関係を商業的な面で強化したいと。だから、軍隊をもっていくのではなくて、商売でなんとか勝負したいと思ったのです。そうなってくると当然、相手国が友好的な国であってほしいと望むわけです。これはちょっと浅はかだとは思いますが、それが第一の目的です。だから、外交および商業的な意図があり、盆暮れのお届けもののようなおつきあいがあって、橋をつくりましょうか、発電所をつくりましょうか、という感じで援助を進めてきたのです。

第二番目は、日本の援助というのは、当事者が自らを助けるという意味で、自助の精神を重んじます。だから自ら一所懸命やってる国が、よりうまくいくように支援しましょうというものです。その支援は「いわゆるチャリティ、慈善行為ではないのだから、これらの支援で自分たちで一所懸命やってください。うまくいくようになったら、その支援金は返してください」というものです。最初のものは無償に近いのですが、二番目のものは有償になります。昔のOECF（国際協力基金）とか輸出入銀行などのような機関が、資金を低金利で貸してあげて、それがうまくいったら返してくださいという有償援助が多かったですね。日本も、かつて貧しかったときに世界銀行（世銀）からお金を借りて、大きな事業をやってきました。黒四ダム、発電所とか新幹線、それから愛知用水、これらはみな世銀の融資の支援を受けてやった事業です。それで結局、借金なら、借金を返さないといけません。その借りたら返さなくてはいけないという精神を途上国の人にもちゃんともってほしいというものです。受け入れ国の自立・自助支援というのと、先ほどの商業・外交的目的が、日本の政府開発協力の理念の二つの大きな柱だったのです。

かつて外務大臣をした麻生さんという方が、ＯＤＡについて、東京の記者クラブでレクチャーをされたことがありますが、その題名が「情けは人のためならず」。これに尽きると思います。「日本のＯＤＡの理念というのは、自分のためにやっているのだ」と。だから、そういう国際協力をやることによって「最後は自分の身に良いことが降りかかってくるのだ、得になりますよ、だから税金を使ってもやらなければいけませんよ」と。言ってみれば、納税者向きというか、有権者向きの政治的な発言なのです。しかし、残念ながら、これはどちらかというと、日本人の一般的なものの考え方にわりと受け入れやすいものだと思われるのです。「ＯＤＡなんて、何かよくわからんけれども、結果、自分も良い目するのやから、ちょっとぐらいはいいか」というのは、わかりやすい。しかし、あとでのべますが、これにはかなり問題があるのです。

先ほど、自公政権と言いましたが、こんにちの民主党政権になって、じゃ、ＯＤＡの理念・政策は変わったのかというと、原則はまったく変わっていないです。２００９年の秋、岡田前外務大臣が国連でしたスピーチですが、その趣旨は「日本が世界の大国の一員として、その責任を果さなければなりません。と同時にいろんな国際問題でリーダーシップをとらなければならない」と言っています。リーダーシップとはどういう意味か？　おこがましいと思わないといけないですね。結局は自分に都合のいいように物事を進めたいということでしょう。責任とリーダーシップ、この二つは最終的に結局「ＯＤＡは日本のためにするのだ」という論点です。鳩山前総理が去年の国連総会でしたスピーチも、やはり同じことを言ってます。だから、政治主導の政策立案とか、実施とか言っている今の政権ですら、主に外務省を中心とした官僚の準備したＯＤＡの理念をそのまま鵜呑みしているのです。実はＯＤＡ大綱というのがあるのですが、それを岡田前外務大臣はもういっぺん見直しますと言いました。その改訂を発表をした最近の新聞記事がありますが、その見出しは「ＯＤＡ、中東は増額」。基本的にこれは、ＯＤＡの重点分野と地域を見直しただけで、理念の変換はまったくない。何も変わっていない。だから、もし自公政権から民主、社民何とか政権に移って、海外支援政策は変わったかというと、私に言わせれば、まったく変わっていません。むしろ、もっと自己中心でどぎつくなっていますね。アジアが中心の支援になるというのは結局、中国に対抗して、アジアのヘゲモニーを取りたいというのが見え見えです。それから、エネルギー資源、レアメタルなんかを出す国に重点的にやりたいとそんなことを言ってます。先ほど言ったような、まさしく経済的な意図、それから日本の国際社会における立場の強化、その外交手段としてＯＤＡを活用するという理念はぜんぜん変わっていないのです。ある政策を外交政策の一環であると言ったら、どう思われるでしょうか。そもそも外交辞令という言葉があります。これはどういうことかというと、真実でないことをあたかもそのように飾って言うこと、これが外交辞令です。こんなものウソにちがいないとわかってるけれど、言ってちょっと相手を喜ばせるのが外交辞令です。外交上の何とかでというのは、だいたいウソ半分と、一般の市民でもわかってることですね。それを正直に「日本の政府開発支援・援助は、外交政策の重要な一部を担うものである」と公式文書に書くのか？

ＯＤＡ外交の実際

言ったところで「実害がなかったらいいじゃないの」という反論もあると思いますが、実は実害があるのです。外交というのは要するに、相手をその気にさせて、自分の得になるようなことを相手から引き出すことです。そこで日本にとって、外務省にとって、長年の悲願といわれてきた外交上の目的があって、日本は国連中心の外交というのを戦後ずっとやってきました。要するに「日本には軍事力以外に何かたよれるものが必要です。はっきりはわからんが、何かきれいな国連にひっついていたら良いだろう」というものです。国連憲章にのっとってとか言っていますが、国連で一番力をもっているのは何か。安全保障理事会です。よく言う安保理です。なぜなら安保理の決議が唯一、強制能力をもっているからです。経済社会理事会とか、他の理事会というのは、みんなで集まって、せいのでバンバンと手を叩いて決議文を出しても、各々の国の国内法に反映されなければ、まったく強制力がありません。しかし、安保理の決議だけは強制力があります。また、安保理の常任委員の国になるかならないかによって入ってくる情報量が百倍ぐらい違います。

だからこんにち、日本は非常任理事国として入っていますが、あれも必死になって運動して、入れてもらっているのです。外交という世界は情報が力です。情報が命です。その会議に出られるか、会議に出ている人とどういうふうに発言ができるかによって外交上の効果というのに大きな差が出ます。だから、絶対に安保理に入りたいと一所懸命やって、そのためにODAをばらまきました。正直言って。カリブ海の小さな国とか、アフリカの名前も知られてない国とかなんでもいいから、とにかく1国1票だから、総会で安保理の改革を承認させ、追加メンバーとして入りたいからとODAをばらまいて運動をしました。今回が大事だというので、ものすごく優秀な大使を派遣し交渉したのですが、結局ダメだった。その時に賛成してくれなかった国の中にインドネシアが入っていました。インドネシアとはどんな国でしょうか。それは日本が戦後、一番力をいれて開発支援をしてきた国ではないか。公的にも商業的にも、ものすごいつきあいが多く、深い国です。これはもちろん、日本の利害関係をみこんで、インドネシアの資源と市場がほしいということがあったとは言え、日本とインドネシアというのは、第二次大戦前のオランダ支配からの解放という建前もあり、すごく親しいお友だちです。それなのに、その支持が必要な機会になったら、インドネシアは日本の安保理への席、安保理の再編成に反対したのです。何のためにODA外交をやってきたのか？　国民の血税をムダにしたのか？　と言われてもしかたがないですね。それは、援助が外交手段のものすごい重要な一部であるというから、そういうふうに見られるわけです。外交が失敗したら国民から反感をかうし、援助を受ける側の国、国民からも反感をかうわけです。また、財政状況が悪化した際にODA予算を減らしたら、途端に国際社会で非難されますね。

これはまさに正直ベースで言って、損をしているいい例です。外交の分野で、一所懸命、資金を提供しても結局は損をする、そんなバカな話はないはずでしょう。われわれは特に外務省とメディアの関係をよく吟味して、日本の政策がどのように他の国から評価されているのか、真剣に追求する必要があります。一つの政策の説明でも国内向けと海外向けをうまく使い分けができるはずです。

では、ほかの国はどうしてるのか。イギリスなどはうまいことやってきたじゃないかという話をしてきましたが、先進国の中でも、日本みたいに正直ベースで言ってる国が他にもあります。アメリカ合衆国です。アメリカの援助政策というのは、主に二つの目的があります。一つは、市場経済の拡大、それから二番目に民主主義の拡大、この二つの目的を共有し、共通の目的として一所懸命やってくれる国に重点的に援助しますと謳っています。しかし、これは明らかにウソです。アメリカの海外援助の最大の受け入れ国はどこか。もちろん海外援助に、軍事援助も含めてですが、イスラエルです。その次はどこか。パキスタンとか、エジプトとかそういう国です。これらの国が民主主義を擁護しているとは考えられない。では、それは何のためでしょうか。それはアメリカの国内政治を反映しています。いわゆるユダヤ系の、反モスリム、資本主義を唱えるウォール・ストリートを牛耳っている人びとがそういう政策をやれと言ってるからです。しかし、それでアメリカが損をしているか、非難を受けているかというと、実は受けているのですが、アメリカは大国で、アメリカ人というのは基本的に鈍感だから、あまり気にしていないのです。何かおかしくなったら、ジェット機をもってきたり、戦車をもってきたりしてやっつける。でかい腕力をもっているので、相手を黙らせる。だけれど国際社会では皆、アメリカのやり方にはうんざりしているのです。正直ベースを使うのもいいが、日本もアメリカももう少し上手いやり方があるだろうと考えるのは、私だけではないでしょう。

2　ODAの真価

なぜ政府開発支援というものが必要かというと、貧しい国があって、貧しい人がいて、そういう支援を必要としているからだということから、このレクチャーは始まったわけです。だけれども、各国がやっている国対国の支援の理念というのは、本音と建て前との間に大変な差があるというのが、おわかりいただけたと思います。日本もその例からもれていないです。

ではその他の国はどうか？　中でも注目すべきは、北欧、たとえば、スエーデンとか、デンマークとかの国です。これらの国の中には、全部とは言わないが、大変良い理念でやっている例があるのです。その一つの特徴は、先ほど、ＯＤＡは国対国の支援と言いましたが、それを国対国と違って、援助の受け入れ側の受け皿は、個人レベル、その国の人びと、国民だと主張しています。支援金を出すのは国のレベルですが、それを使うのは国民レベルとしているのです。私には、これが正解だと思われます。そして日本もこの例に準じるべきと考えます。

「ちょっと待て。たとえば、バングラデシュという国がある。この国はまさに発展途上国だが、バングラデシュに行っても金持ちはいるではないか。金持ちもいて貧乏人もいるのだったら、バングラデシュの政府が良い政策を一所懸命やって、バングラデシュの中で所得格差をなくすようにしたらいいではないか。なぜ、日本がお金を出して、バングラデシュの貧しい人を援助しなければならないのか？　日本にも貧しい人がいるではないか？」という議論があります。しかし、これは妥当ではないと思います。もちろん、日本の所得格差とか、貧困問題は日本の国内問題です。それでも、いやそれにもかかわらず、日本国民の大多数が海外援助を支持し、国レベルとして出せるお金があれば、相手の国、政府に提供するのではなくて直接、国民の生活に密着した支援活動をしている組織、団体を通して支援活動をしたほうがより効果が高いという主張です。受け皿として、個人一人ひとりに回って渡すわけにはいかないので、現地の信頼のおけるＮＧＯとかＮＰＯの団体を通じて、個人レベルで、より教育が受けられるとか、より良い医療支援が受けられるとか、介護が受けられるとか、そういうところにお金を回せば良いのだという主張です。

この論理のもとでは、もし日本の財政状況が悪化して、国民の総意としてＯＤＡの予算を下げるという結論にたっした場合、また、日本国内の弱者に対してより大きな支援が必要となった場合、ＯＤＡ予算を減少させることになっても、それは正当化されます。要は、自国の外交政策の一環としてＯＤＡを利用するのではなくて、ＯＤＡをその対象とする目的そのもののもとで、国の理念として追求しようというものです。この理念とはなにか？「何びともその出生の別により差別を受けない、与えないという基本的人権を尊守する」というものです。たまたま日本に生まれた者とアフリカの元植民地で生まれた者に、その人生の可能性に差があってはなりません。機会を平等に与える努力を支援をしようというものです。これは日本国憲法の精神にもそぐうものと考えられます。

3　ODAの現場

「顔の見える援助」と海外青年協力隊

一方、よく「顔の見える援助」をしろ、と言われます。それは日本人が出かけていって汗をかいて、向こうの人といっしょになって仕事をして、はじめて顔の見える援助なのです。だから、多額の資金を使っても、実際にはあまり役に立たない箱ものを作るというのはダメなのです。この意味で、たとえばバングラデシュで発電所をつくるという援助プロジェクトを考えてみますと、電気がなかったら物事は始まらないので、それはそれでけっこうといえます。しかし、その発電所をつくるにあたって、そこからでる電気がどういうかたちでバングラデシュの国民の生活水準の向上につながるのか、を当初から吟味しなくてはならないということです。その電気が都市部の一部の所得の高い人たちのエアコンや冷蔵庫に使われるのだけではなくて、農村部での教育とか衛生とか、中小企業の生産の向上に使われるのか、そういうところをきちっとおさえて農村部と都市部の電力料金の差をちゃんとつけるとか、電力政策をきちっと現地の担当者と調整してやれば、発電所という箱ものをつくっても援助の効果を充分期待できます。しかし、そういう政策に立ち入らずに箱ものをパッと渡したら、それを向こうの政府の非効率なシステムの中に渡してしまったら、どうなるかは十分想像できるはずです。だから、ＯＤＡの最後の1円までどういうふうに使われるかと、きちっと管理しようと思ったら、政策内容を徹底させようと思ったら、優秀な日本人が出かけて行かなくてならないのです。

日本人が出かけていかねばならないというと、すぐ一部の人は、平和維持とか難民の救済とか、そんなところに目がいく。テレビでも、そんなところを大々的にとりあげて、大変、大変とやっているのです。大いにけっこうなことですが、しかしそれだけではない。まったく違う別な分野で、汗を流している海外青年協力隊の人とか、若き専門家などをみてきましたが、そういう人たちが途中で失望することが多いのです。それは彼らが、日本と離れて浮き草になってしまい、向こうの活動の成果というのが正当に国内で評価されない、されにくいからなのです。現地では生活がきびしいし、なかなか成果が上がらないのに一所懸命やってることが、本部とか国内で一般国民に理解されなかったら、よけいにやる気をなくしますね。海外ではいろんな活動をしてきた人が、挫折したり壁にぶつかったりするのを見てきました。だいたい、まじめで一所懸命やる人にかぎって、そういう結果になる人が多かったです。これでは、日本の顔の見える援助が続行できないでしょう。

ＪＩＣＡの役割

平和活動とか難民救済とかの仕事では、実弾が飛んでくるしナイフで刺されたりするようなことも多々あります。そんな危険なところに自分の息子や娘を送る必要は必ずしもないですね。もっと安全で、なおかつ効果の上がる支援活動というのが当然あるべきです。でもそれは、きちっと日本政府の中でシステムとして認められるようなかたちにしなかったらうまくいきません。それで、ＪＩＣＡの話にならざるをえませんが、日本国際協力機構という組織です。これは、かつては4省体制というもので、財務省かつての大蔵省、農林水産省、経済省かつての通産省、それから建設省で今の国交省、この4省が合同で監督・管理している機関です。ですから、上級幹部は全部そこから出向で来ていました。そこで、ＪＩＣＡの政策は何だと言ったら、外交手段の一翼を担ってるというから、外交政策がＪＩＣＡの主な政策を決めている時代がずーっと続いていました。これでは、まともに働いている人はやりきれないでしょう。

最近は立派なリーダーが、緒方貞子先生という方がおられて、ＪＩＣＡそのものの政策をつくると同時に、ＪＩＣＡのプロパーの職員、若くしてＪＩＣＡに入ってそのままずっとＪＩＣＡでやってるという人が育ってきています。それで、中堅層もかなり立派な人が育っているし、専門家もたくさん育っています。ＪＩＣＡは非常に期待のもてる機関になってきているのです。ただ緒方先生というのは、国連難民高等弁務官だった人です。ですから、彼女にはドンパチやってるところで難民を救うのが主な関心事なのです。それで人間の安全保障というのを、アマルティア・センというノーベル賞をもらった経済学者といっしょにつくりあげました。これは国家が体《たい》を成していない、国家として国民を守る能力がないようなところで初めて発揮されるべきコンセプトです。これをＪＩＣＡの活動に反映しようとされました。人間の安全保障というのは、国家がその個人個人の国民の安全を確保できないようなところ、難民や紛争地の住民、そういうようなところで発揮されるコンセプトです。それはそれで非常にけっこうなのですが、私に言わせれば、これには大きな問題が一つあります。日本は自衛権があって軍事力をもってるのですが、これは海外では活用できません。となると、日本のそういう支援に行く援助隊員の安全を守るのは、日本国家としてはできないわけです。だから、他国の軍隊の保護のもとで活動するしかない自衛隊が、ＰＫＯとかいって出かけていますが、これもたとえば、銃は持っていくが弾は持っていけないとか、銃も持ってはいけなくて水道工事をしろ、とかやっています。基本的に、自国の国民の海外活動の安全を守られないような国家にとっては、人間の安全保障に関する事業は、非常な無理があるというのが、私の個人的な考えです。

さて日本のように、正直ベースでＯＤＡは外交政策の一環であると言っている他方、その外交政策の中味があまりない国のＯＤＡは当然フラフラせざるをえません。だから、受け入れ国にもあまり良く評価されないし、国内ではまさに評価されません。その結果、一般国民として、日本の政府開発援助がどんなふうな効果があったのかということについては、非常に懐疑的な方が多いわけです。私もそうです。

また、日本人の海外援助関係者は根なし草のようになってしまうし、せっかく顔のみえる援助をしようにも、それを担う人材が育たないのです。これでは世界の一流国とはいえません。これが現在の日本のＯＤＡの問題点です。ただ、言いましたようにＪＩＣＡの将来については、もう少し長い目でみてやってほしいという気がしています。

４　開発経済学とＯＤＡの効果的使い途

先ほど、なぜ政府開発援助が必要なのかという原因の、一番重要なことは、世の中には富める国と貧しい国があるという話をしました。私が学生のときは、開発経済学というのがありました。経済学の一分野として、開発経済学を専門にされている先生がいました。それは貿易とか海外金融とかというのを含めて、途上国の経済成長には、何が学際的に必要なのかということを研究するものです。私もそういう専門の先生につきました。基本的に二つのアプローチがあります。一つは構造的なアプローチです。社会の構造として、植民地支配下などに長くあって支配層と支配される層の双方にぜんぜんコミュニケーションが通らないとか、国家として統治ができてないところがあります。そういうところだから成長がうまくいかないのだという構造的なアプローチです。もう一つは、途上国というのは、さっき言ったように、先進国に搾取されていたのです。だから、国内の貯蓄がない、お金がないのです。お金がなかったら投資ができない。新しい投資にまわす資金がない。消費に全部まわってしまうし、消費でもカツカツだと。そうして、投資をしなかったら経済は成長しないわけです。これは経済学のＡＢＣですね。だから、そういう国には、とにかくお金を持っていってあげましょうと。これがＯＤＡのそもそものコンセプトの裏側にある学際的な議論です。

貿易収支に赤字があって、同じような赤字が財政にあり、基本的に収入より支出の方が多い国があるのです。そういう国の成長を促そうと思ったら、その赤字をともかくなんとか埋める必要があるわけです。そこでＯＤＡが正当化されるというのが当時の議論でした。これは40何年前の話です。以来、統計的また歴史的裏づけがいろいろありまして、それで今、何をやってるかというと、巨視的には、全体の経済を見る目から言うと、それから実は、ぜんぜん変わっていないのです。ですから、途上国の成長をプッシュしようと思ったら、海外からの資本をもってこなくてはならないのです。私と考え方が多少違うのは、そのお金というのは、直接投資とか証券投資とかいうかたちでもいいじゃないかと思っていることです。中国を見てみなさいと。沿岸部でものすごく成長しましたね。これにはどんな金がいったのか？　これにはＯＤＡもありますが、むしろＯＤＡでなくて民間投資です。資金が入ってきたら、それが投資につながって、生産がガーと上がっていきました。たしかにそうです。そのとおりに動いているのです。

あとは、構造面での話については、流行の言葉で「良き統治」とよばれていますが、「グッドガバナンス」という言葉をお聞きになった方はあるでしょう。要するに、これは統治の問題だと。政府がしっかりしないといけない、裁判所もしっかりしないといけない、警察署もしっかりしないといけません。しっかりするというのは何かというと、汚職をするなということです。せっかく持っていったODAの半分ぐらいが、役人や政府関係者のポッポにナイナイをやってしまうという、よく途上国で聞かれる話です。それはまさしく統治が悪いからだということです。

さらに、政府機関の仕事の能率向上と合理化です。そのシステムを改善するためには、もちろん良き指導者がいて、強力な指導力が重要なのです。同時に、法律の整備とか、裁判官の給料を上げてやるとか、ODAで裁判官の給料の補填をしよう、というようなこともやってるわけです。それから、お医者さんを育てるとか、学校の先生に給料をちゃんと払ってあげるとか。6カ月も給料をもらってない先生が、アフリカの国なんかにはざらにいます。そういうところでは、まじめに先生業をやってる人なんか、いないわけです。以上で資金面と統治面の双方で開発サポートが必要だということを理解いただけたと思います。要するに途上国で弱いところをサポートしようというアプローチです。

ODAの使い途としては、構造上の弱点を補いましょうということです。うまくそれをやっていったら、民間から必然的にお金が入ってくるでしょう。要するに、途上国はお金は足らなくて、労働力が余ってるのだから、言ってみれば、労働力を安く使って、資金を持って技術を持って行ったら、バッとものが安くつくれるはずです。それが中国の例です。ですから、こういう成功例にしたがって、他の途上国もそういう開発戦略をとれば良いのです。もちろん今、後発部隊としては、中国と同じように競争しようとしたら大変です。しかし、そういうアプローチは理論的には成立します。これを私が言ったらあまり信用されないだろうが、世界的に有名な学者で、ジェフリーサックスという元ハーバード大学教授の先生がいます。今、コロンビア大のアースインスティチュートというところのディレクターをやっている人ですが、この人が書いた『The End of Poverty（貧困の終焉）』という本があります。この本の中で、一番強烈なメッセージがあるとすれば、それは「途上国にお金を持っていけ」というものです。「先進国の人は途上国に投資をしてください。それから、途上国の政府は良き統治をきちっとやってください」と。この二つにつきる。これは有名な本ですが、全部、読む必要はないです。私の今言ったことで十分です。

5　現代の経済学と消費のすすめ

簡単ながら開発経済学というものの実態を説明しました。では、経済学者はこの40年間、遊んでたのかというとそうではないのです。実は経済学者は何をしてたかというと、微視的な分野、マイクロ分野に集中したのです。マイクロ・ポリシーではすごく成果を上げています。何の成果をあげてるのかというと、だいたいが使ってる手法というのは確率論とかリスクアナルシスで、「この政策をやったら、どういう結果が出るだろう」ということを、大きなコンピュータを使ったり数式を使って引き出します。「これは何％の確率でいけるだろうか?」というようなことをやってる先生が多いです。私は彼らを責めているわけじゃなくて、いいことをやっていると思っています。しかし、それは、モデルにどういう変数を入れるか、どういう構造的なものを仮定するかによって、結果がまったく変わってきます。そういうことに興味ある人は、そういう先生方の出版物をお読みになったらいいでしょう。

というわけで、経済学も進んでないことはないです。経済学には、基本的には昔われわれが学生のときに学んだ、マルクス経済学と近代経済学とがありますが、まだそのへんの議論が終わったわけではありません。マルクス経済学は今、なぜ人気がないかというと、それを実施したソビエト連邦が無くなってしまったとか、中国がまさしく資本主義国家をより超えるような資本主義になってしまったとかで、マルクス=レーニン主義を実践している国があまりこの世の中にないからです。だから、あまり人気がありません。日本にはまだ、日本共産党というのが残っていますね。この間、ある先生に「日本共産党の党員というのは、生産手段の国有化とか、共有化とか、考えてるのですかね」と聞いたら、「そりゃ、そうですよ。そりゃ、そうしか考えられません」と言われて、「ええっ、そんな時代錯誤なことを考えてるのか」と驚きました。

しかし、よく考えてみると、最終的には日本はそういう方向にいってるのではないのか?　というのは今、日本の資産で、一番でかいお金をもっているのは個人です。皆さんの自宅やポケットの中に金貨が眠っているのです。そのお金を今どういうふうに運用するかで、必死になって政府も民間企業も動いてるわけです。ということは、1億総中流化が進んでしまった国では、個人資産が一番の大きな金のプールになるので、これをどういうふうに動かすか、どういう機関がそれをうまく使うか、すごく大きな課題なのです。しかし、日本の政党がそれを真面目に考えているとは思われません。それで今度の郵政民営化をやめて、また戻そうという話がありますが、ご存じのように今までの個人資産のプールの一番でかいパイをもっていたのが郵便局、郵便貯金です。これを財源に使って、高速道路から、港から、飛行場などいっぱい造っていたのです。だから現在、日本政府は借金だらけです。また、国債を買っておられる人が多いと思うのですが、ちょっと大変です。もう少ししたら、おそらく日本の国債の相場のリスクは、ギリシャで今、スペインとかも、もめていますが、それと似たようなかたちになる可能性があります。なぜ、すぐにそうならないかというと、日本の国債を持ってるのは95%が日本人なのです。従順なる誠実なる良き市民の日本人が、日本の政府の出す国債をまじめに買ってるわけです。また日本の金融機関も日本の国債を所持しています。だから、海外の投資家の信頼・評価とかは問題にならないわけです。しかし、もし日本人が今、国債をバーッと現金化したら、どうなると思われますか？日本国政府はばったりと倒れます。ということで、「子孫に美田を残さず」という言葉がありますが、国債なんか買わないでどんどん消費に回した方がいいのです。消費に回したら、経済が活性化します。消費というのはもちろん、悪い意味での浪費ではなくて、自分の生活を文化的に豊かにする消費です。

6　開発と文化

先ほど言いましたが「なぜ開発をするのだ」と言うことに関して、先輩から聞いたほんとうの話をします。その人がアフリカのある国に漁業の開発支援に行きました。日陰で昼寝してる人がいて、その人との会話は次のようです。「何しとんや?」と聞かれて、「ここで漁業の発展のために、いろいろ調査をしてるんやけれど、あんたの仕事は何ですか?」と聞き返すと「おらあ漁夫や」と。「でも漁民と言うけれど、あんたは昼寝していて、漁はしてないじゃないか?」と尋ねると「そりゃもちろん、夜に小舟で出かけていって、魚を釣るんや」と言うので「もっと大きな船を買って、昼間も出かけていって漁をしてはどうか? もっと捕れるやろ」と返すと「いや、おれはとにかく、おれの思うとおりにやってんのや」と。「ちょっとまてまて、おれは先進国の漁業の専門家で、もっと良い方法を教えてやる。それで言われたとおりやれば、いままで日に10匹しか釣れなかったのが、100匹になるだろう。200匹捕れる可能性もある。このへんはあまり捕ってないから、資源も豊かやから、ガッと儲かるぞ」と言ったら、「そうか、ガッと儲かって、どないすんねん」ときたので、「ガッと儲かったら、あんなヤシの木でつくった家と違って、もっとセメントでできたきちっとした家に住んで、エアコンもつけて、テレビもあって、子どもたちは学校に行って、あんたは50歳になったら悠々自適な隠退生活に入れる。好きな釣は趣味でやってたらいいやないか。そっちの生活の方がずっといいだろう」と返すと「ちょっと待て、おれは今それをやってるのや」。

要するに、その人は今の自分の生活を楽しんでいるわけです。だから、20年も30年もあくせく働いて、いっぱいお金を貯めて、最終的にたどり着いたところが、悠々自適で、魚を釣って自然を愉しんでという生活があるとすれば、その人はもう30何歳でそれをやってるというのです。実は、これはお話なのですが、基本的に開発とか成長とかを追及するのは、電化製品とかの物理的な、物質的環境を良くするというのが目的ではなくて、最終的には文化、文明が進まないといけないということをこの話は訴えているのです。

7　日本のほこれるマンガ文化

では戦後60年たって、日本は大変な経済成長をしましたが、この点ではどう進歩したのでしょうか？　日本にはもちろん、伝統文化とか文明とかがいっぱいあります。そういうのと違って、最近では、テレビドラマとか、漫画とかアニメの分野があります。ポプソンとかもあります。化粧品なんかもそうなのですが、これはけっして笑える文化じゃない。日本のマンガとかアニメというのは、世界中で有名になっていますね。麻生さんはマンガが好きだったらしいが、マンガの殿堂をつくろうと言うと、みんなからバシバシとむちゃくちゃ叩かれてつぶれてしまいました。しかし私は、あれは残念だったと思っています。実は日本は、そのようなものを造るべきなのです。なぜかというと、日本の誇れる文化、文明の一部を成しているからです。しかも、それは使いようで大変な結果に結びつくことも可能なのです。

たとえば「おしん」というテレビドラマがありました。私は、南米にもアフリカにも、いろんな国を訪問しましたが、「おしん」という番組は全世界で何カ国語にも翻訳されて、放送されていました。あるカリブ海の島国に行ったときに、「おしん」の放送がずーっとされてて、「おまえ、おしんを知ってるか」と現地の人から聞かれたこともありました。日本人が一所懸命に働いて、今は貧乏だけれど、とにかくがんばって一所懸命やる。それから社会に貢献する。このようなメッセージをもし海外に伝えることが必要であれば、ODAをやるより、おしん物語のほうがずっと効果的です。だから、いわゆる日本が得意とする分野のアニメなども、ODAで活用すれば良いですね。

私も途上国で、紙芝居を使って、子どもにＨＩＶエイズの情宣をする仕事をやったことがあります。紙芝居は日本では今はもう少ないが、日本の固有文化です。西洋にはパペットショーや、人形劇や影絵とかいっぱいあります。インドネシア、タイにも影絵などがあります。しかし、紙芝居というのは、私の知ってるかぎり、日本特有のものです。紙芝居の絵は、その国の絵に変えればよいでしょう。話さえ合えば、言葉は現地の言葉でやればよい。だから、たとえば、人の物を盗んだらいかんとか、ＨＩＶに気をつけようとか、そのような題材にして紙芝居をつくって、へき地の小学校に配って回ってやったら、効果があると思いますね。

こういうところは日本が得意とする分野です。アニメ・漫画だったら、その言葉を換えたらいいわけです。スワヒリ語に換えてもいいし、フランス語に換えてもいい。途上国で理解される言語でやれば良いのです。しかし、そういうことには頭が固くて、ＪＩＣＡも含めて海外援助をやっている人というのは、なかなか実現しません。何となく空回りしてるな、という面があるような気もします。

一方で、現在の日本では、人生の目的が不明という若者が増えています。空気を読むばかりで、リスクをとりたがらないし、どのような社会が望ましいのかとか、あまり議論がされません。海外で、途上国支援にかかわることで、こうした面に見えてくる方向があるように私は考えてます。

8　身近でできる途上国支援

ＯＤＡの話をしてきましたが、途上国の支援には、いろんなかたちがあるのです。ＯＤＡでは当然、政府があります。それから先ほど言いましたが、民間企業、資金があります。それに加えて、NPO、NGO、それから個人レベルでの活動があります。いままでの話で、政府と民間の話はわかったかと思います。ここから「NPOとか、NGOに何ができる」という話になるのですが、先ほどもちょっと言ったように、私はほんとうに頭が下がる思いで、そういう人の活動を見てきました。まさしく現地の社会に入りこんで、同じような生活環境のもとで一所懸命、恵まれない方のためにがんばっている人がいます。それでそういう人が参加しているNGO、NPO機関では、ネットなどで、ホームページにいったら「寄付を受けつけます」というのがあります。そういうのがあるので、この分野に興味のある人は、できるだけ見てみてほしいですね。

小額の寄付などが、個人で、自分でできる支援につながります。いまさら出かけていって、何かしようというのは、ちょっと大変なところがあると思います。でも居ながらにして、そういう一所懸命やってる人を、お金とか物資で支援することも最近はできるのです。それを考えて、お金だけを送るのではなくて、同時にその人たちのやってる情宣の材料などで、名前があがっていたり写真が載ってたりしてますので、そういう人たちに直接、メールを送ってあげてほしいのです。もらう方としては、ほんとうに勇気が出るし、元気がもらえると思います。海外開発支援活動をしてる人も、日本国内とまったく離れてしまうというか、日本から忘れられるのは、やはりつらいものがあります。後ろ髪を引かれる思いで、海外で使命に燃えて仕事をしている人がたくさんいるのです。そういう人たちにとって、日本での支援が非常に重要です。これは組織のレベルでも当然そうすべきことでしょう。

日本の政府も、最近は少し変わってきているようです。しかし、途中採用とかはしないですね。海外で一所懸命、青年海外協力隊なんかで行ってても、日本に帰ってきたら理解されないのです。たとえば、35歳になってて「海外青年協力隊で、こんな仕事をしてました」と言っても、まったくと言っていいほど評価されません。企業にいっても評価されないです。これは気の毒です。また、日本の企業に就職した後、海外支援の仕事をしたいと思って、5年ぐらいやってみたい仕事をしてきても、帰ってきたら「おまえはいったい何をしとったんや」ということで、企業は受けとってくれないですね。日本は先進国なのだから、もっとおおらかに個人の活動を包括的にみてあげる社会になってほしいです。ということで、一般市民、企業レベルで、たとえ間接的にでも、開発支援をサポートをすることができることを理解していただけたと思います。

エピローグ　外交と世襲制

さて、私のレクチャーを終わる前にひと言。このセミナーの一番最初に小池先生が「日本の政治家には世襲がいっぱいいますが、これはダメだ」という話をされたと記録にありました。私は必ずしもそうは思わないです。問題は、子供とか孫の教育がなってなかったということなのです。世襲そのものはぜんぜん問題ないでしょう。というのは、私がいろいろつきあってきた海外の外交官とか、国際機関の上層職員の中には、両親がそういう仕事をしていた人が多かったです。親父が大使だったとか、そういう人がたくさんいました。そういう人たちの行動の雰囲気とか、会議の進め方など見てると、「私が逆立ちしても勝てないな」というところがあるのです。語学力ももちろん比較にならないし、外国の大使などになった人は、自分の子どもとか孫をきちっと育てています。そういうことをしていれば、その子孫がまた大使になったり政治家になったとしても、まったく問題ないわけです。要は、その両親の姿勢であり、そういう恵まれた環境に生まれた子どもたちの、対応する姿勢なり意識の問題です。

それから、ヨーロッパなどでは夏・冬のバケーションが多いが、そういう場面で、個人レベルで、いろんな情報交換がなされています。ヨットにのったり海岸で寝そべりながら外交、政治、経済、文化、の話ができるのです。それに日本人はついていけないし、呼んでももらえません。ものすごいハンディキャップがありますね。自宅に呼んだり呼ばれたり、食事会などがあるのですが、そういうところでポロッと出る話が多々あります。それを日本大使館の人が吸収してるかと言えば、ほとんどダメだと思います。それで「外交官は世襲にすべき」は大いにけっこうだと思います。それと同じように政治家もです。政治のやり方というのは、若い時に実際に秘書とかやって現場で勉強するものです。それがボーッと育ったお坊ちゃまがなってしまったらダメなのです。それは本人とか、家族の資質の問題であって、世襲が良いとか悪いとかの問題ではない。そういう恵まれた環境におかれた人が、より意識を高めて、社会のために活動すべきだと私は思います。ということで、誤解があるかもしれないが、小池先生と私はこの点、意見が違います。このセミナーでは、先生方は相談してやっていないので意見が違っても当然のことでしょう。

関西学院大学総合政策学部公開講座
「グローバル社会の国際政策」第４回

日本の「国際関係」に取り組む姿勢

◆鈴木英輔

ハーヴァード大学の著名な国際政治学教授であるサミュエル・ハンティントン氏は、１９９６年に出版された The Clash of Civilizations and the Remaking of World Order の日本語版『文明の衝突』[*1]に添えた序文の中で「文明の衝突というテーゼは、日本にとって重要な二つの意味がある」と述べ、以下のように敷衍《ふえん》しました。

第一に、それが日本は独自の文明をもつかどうかという疑問をかきたてたことである。オズワルド・シュウペングラーを含む少数の文明史家が主張するところによれば、日本が独自の文明をもつようになったのは紀元五世紀ごろだったという。私がその立場をとるのは、日本の文明が基本的な側面で中国の文明と異なるからである。それに加えて、日本が明らかに前世紀に近代化をとげた一方で、日本の文明と文化は西欧のそれと異なったままである。日本は近代化されたが、西欧にならなかったのだ。

第二に、世界のすべての主要な文明には、二カ国ないしそれ以上の国々が含まれている。日本がユニークなのは、日本国と日本文明が合致しているからである。そのことによって日本は孤立しており、世界のいかなる他国とも文化的に密接なつながりをもたない。……文化が提携をうながす世界にあって、日本は、現在アメリカとイギリス、フランスとドイツ、ロシアとギリシャ、中国とシンガポールのあいだに存在するような、緊密な文化的パートナーシップを結べないのである。そのために、日本の他国との関係は文化的な紐帯ではなく、安全保障および経済的な利害によって形成されることになる。しかし、それと同時に、日本は自国の利益のみを顧慮して行動することもでき、他国と同じ文化を共有することから生ずる義務に縛られることがない。その意味で、日本は他の国々がもちえない行動の自由をほしいままにできる。[*2]

したがって、ハンティントン教授によると、明治維新後、近代国家として国際場裏に登場して以来、「日本は世界の問題に支配的な力をもつと思われる国と手を結ぶのが自国の利益にかなうと考えてきた」と言ってます。ハンティントン教授はその証左として、「第一次世界大戦以前のイギリス、大戦間の時代におけるファシスト国家、第二次世界大戦後のアメリカ」を挙げています。[*3]

ハンティントン教授の以上のような命題は「文明の衝突」という大きな歴史的な流れの文脈の中でとらえられているが、そこで、日本の指導者たちが、「独自の文明をもつ」日本のおかれた「国際関係」にどのように取り組んでいたのか考察したいと思います。

1 四海に囲まれた「辺境」の日本

日本の「独自の文明」は日本がおかれていた地理的状況を無視しては発展しなかったでしょう。ユーラシア大陸から切り離されて極東の片隅に位置する日本という国は、古代の中国文明の中心から見ても「辺境」にありました。[*4] 15、16世紀の大航海時代になっても、東回りの航路をとれば、アフリカの喜望峰を回り、インド洋に出て、その広大な海を横に渡り、マラッカ海峡か、あるいはスマトラとジャヴァの間にあるスンダ海峡を通り抜けて南シナ海に入った後、さらに北上していかなければ日本にはたどり着くことができなかったのです。また、西回りのルートをとってみても南アメリカの末端に位置するマゼラン海峡を回り、無限に展開する太平洋を北西に舵をとり、いつ終わるともわからない長い船路を続けなければならなかったのです。

古代の日本では、いろいろと異なった種類の人びとが南洋から黒潮に乗って漂着しましたし、東の中国大陸から東シナ海を渡り、あるいは北の蝦夷地やサハリン、沿海州などとの間の海も、対馬と朝鮮半島との間の海と同様に異民族同士の交流といわなくても、少なくとも、まばらに発生する接触を可能にしていたはずです。[*5]したがって、日本は「孤立した島国」ではなかったのです。しかし、四面を海に囲まれた日本という辺境の国は、その海によって定められ、かつ加護されてきた、ということは厳然たる事実です。逆に言えば、海からの攻撃に対する恐れは深く、それは日本人の心理の内で回帰的なテーマです。[*6]そうだと言っても、実際に日本の国が外国から攻撃を受けたのは、建国以来たったの五回しかありませんでした。１２７４年（文永の役）と１２８１年（弘安の役）に二度にわたり起きた蒙古の襲来が最初でありました。そのあとは６００年も経った後に起きた１８６３年の薩英戦争での英国による鹿児島砲撃。時を同じくした下関戦争が、１８６３年と１８６４年に二度にわたり長州藩と英仏蘭米の列強四国が砲火を交わした武力衝突事件です。そして最後は１９４４年から終戦までの米軍による攻撃です。

したがって、この１９４５年の敗戦まで日本という国は、異邦人の軍隊が自分の国に侵入して支配することなど、局部的な戦い以外に、実体験としての歴史的知識が存在していなかったのです。異民族の大移動などという事件に遭遇したこともなく、シルクロードも日本の近辺にはありませんでした。したがって、マルコ・ポーロも日本には来ませんでした。まして、十字軍などにも厄介にならず、サラセンの騎馬隊にも出会うこともなかったのです。同じユーラシア大陸の西側のはずれに位置する島国のイギリスが、すでにＢＣ55、54年の二度によるシーザーの進攻とＡＤ43年からクローディアス皇帝によってローマ帝国に征服されていたことを考えれば、同じ島国でも日本の歴史的環境とはまったく異なっていたことは明白です。

海という自然の障害に囲まれた日本の地理的条件は、日本の「独自の文明」を醸成するための環境を整えるのに多大な貢献をしてきました。つまり、第一義的な主要な接触が異邦人ないし異民族となかったことによって、本来の日本という国に共同生活を営む人がもっている所与の思いや心をそれほど攪乱《かくらん》されずに保存できたからです。もちろん、それにつけ加えておかなければならないのは、外来の文化様式を日本化するという日本人の特異な能力です。

2　大航海時代と「鎖国」

1600年という年は日本をめぐる現在の国際関係を考えるうえでいろいろな意義をもっています。まず第一に、当時の国内に眼を向ければ、この年は天下分け目の関が原の合戦がその年10月にありました。その数カ月前に、のちに家康の顧問として、異人としては異例な活躍をする三浦按針ことウイリアム・アダムズがオランダ船リーフデ号で現在の大分県の浜辺に漂流してきました。

イギリス人の航海士がオランダ船で働いているというところに、当時の国際関係の現実を生々しく露呈しています。オランダはこの時すでに、大型帆船による15、16世紀の航海時代を独占した大国ポルトガルやスペインに追いつき、覇者としてのスペインの王座の地位を脅かすまでに強力な一大海洋国になっていました。オランダはその時、まだカトリックのスペイン・ポルトガル同君連合に対して、プロテスタントとしてのオランダの独立をかけた80年戦争の最中でした。

第二に、眼を外に向ければ、オランダを追っているイギリスは、家康が関ヶ原で大勝を果たしたその年の12月に、アジアにイギリスの勢力を伸ばすため、反スペイン・ポルトガルとの戦線では同士であっても、交易上の競争相手であるオランダを尻目に、一足先に英国「東インド会社」をエリザベス女王一世の勅許をもってロンドンに設立したのです。遅れること二年、オランダもバタヴィア（現在のジャカルタ）を本拠とするオランダ「東インド会社」を１６０２年に起こしました。

１６０２年にヨーロッパの新興国家オランダが、遠く離れた東南アジアのバタヴィアに交易の本拠地を構えることができたのは、１４９８年にポルトガル人ヴァスコ・ダ・ガマが喜望峰を回ってムガール帝国のカリカットに到着して以来のインド洋における制海権を、ポルトガルは当時すでに失っていたからです。

種子島に１５４３年に鉄砲が伝来したのは、中国船に乗っていたポルトガル人からであったことを思えば、ポルトガルの東南アジア進出は破竹の勢いでありました。１５０５年にコロンボを手にし、１５１０年にはゴアを占拠、翌年にはインド洋とシナ海を結ぶ東西貿易の重要な中継港マラッカを征服し、ポルトガルの東南アジアにおける拠点としました。１５１３年にはさらに北に上がり、マカオに到着して明との交易を開始し、日本に１５４９年に宣教のために到着したフランシスコ・ザビエルもマラッカを根拠地として宣教活動を繰り広げていたのでした。

新興国オランダもポルトガルを追い駆けるように、バタヴィアからポルトガルの拠点を攻撃したのです。１６４１年にはポルトガルをマラッカから追い出し、同じく、１６５６年にはポルトガルを駆逐してコロンボを手に入れセイロンの支配を開始しました。それでもオランダはポルトガルのマカオを攻略できず、マニラを拠点とするスペインにも日本との交易で遅れをとったのでした。織田信長、豊臣秀吉の家臣であったクリスチャン大名の高山右近の生涯を思い出せば、ポルトガルとスペインの庇護のもとでのイエズス会の影響力がいかに強かったか理解できるはずです。

オランダと日本の関係は1600年のリーフデ号の漂流ということから始まったのです。ただし、オランダ船はポルトガルのようにアフリカの喜望峰を回ってインド洋を経た後、マラッカ海峡を通過してシナ海を北上してきたわけではないのです。極東にある豊かな物質と現在の島根県太田市にある石見銀山から産出される多大な銀を独占するポルトガルの交易市場を求めて、南アメリカの最南端にあるマゼラン海峡を通過して太平洋を渡ってきたのです。オランダのロッテルダム港を出帆したときは五隻の船団であったのに、二隻をそれぞれポルトガルとスペインの軍艦に大西洋上で拿捕《だほ》されてしまい、太平洋をかろうじて渡り切れたのはリーフデ号ただ一隻だけだったのです。それでも豊後に漂流した後、アダムズらの船乗りが新教徒のオランダ船の乗組員とわかったときには、旧教徒のイエズス会の宣教師たちはすぐさま処刑するようにと長崎奉行に進言してたのです。

このときにリーフデ号の乗組員のうち、イギリス人航海士アダムスとオランダ人航海士ヤン・ヨーステン・ヴァン・ローデンスタインが大坂にある当時の豊臣秀頼政権の名代と謁見したことと、その豊臣の名代が徳川家康であったことが、日本にとって幸いでした。家康は執拗なイエズス会の宣教師の進言を退け、彼らを処刑せずに逆に重用したのでした。オランダは1609年に平戸に商館を先に開き、オランダに遅れること四年、イギリスもアダムスの仲介を通して1613年にイギリス商館を同じく平戸に設けました。

江戸幕府のキリスト教弾圧が進むのと同時に、西洋人による交易が著しく制約を受けつつあった時期、オランダとイギリス各々の東インド会社は熾烈な勢力争いと交易市場戦争に陥り、結果的にイギリス東インド会社はオランダ東インド会社に敗れました。イギリス東インド会社の商館は１６２３年12月に閉鎖され、それ以後、イギリスとの交易はおろそかになったのです。50年を経た後、１６７３年にイギリス船リターン号による交易再開の願いが出されましたが、幕府はこれを拒否し、それ以降イギリスとの通商関係は１８５４年になるまですべて破綻したのでした。

この当時の徳川幕府はキリシタンの影響にますます危機感を深め、１６１３年12月には徳川二代将軍秀忠が豊臣秀吉に継ぐ二回目の厳しいキリシタン禁止令を出しました。信長に始まり、秀吉、家康とも、初めは皆、好奇心もありキリシタン宣教師に好意的でした。しかし、時が経つにつれて、ポルトガルやスペインの植民地政策の尖兵としての宣教師の布教活動がしだいに認識され始めました。幕府は自らの政治権力・領土の独立と保全に対して危機感を募らせながら、交易と新しい情報知識の摂取を損なわないような措置をとる必要性を思考していました。ポルトガル船は長崎に、オランダ船とイギリス船は平戸にと、寄港地が限定されたのもそのような考えによったものです。

徳川幕府は、１６２４年にスペインの渡航を禁止し、１６３７年の島原の乱を契機としてポルトガル船の渡航をも１６３９年に禁止しました。いわゆる「鎖国令」は、１６３３年と１６３４年の奉書船以外の交易を禁止、１６３５年の日本船の海外渡航及び帰国の禁止、１６３６年の非交易関係者ポルトガル人のマカオ追放、１６３９年のポルトガル船の来航禁止、の五回にわたって発令された一連の「禁止令」のことですが、これによってキリシタン宣教師を排除し、大村純忠や高山右近に代表されるキリシタン大名を追放しました。そうしてそれらは、ポルトガルやスペインからの軍事干渉の発生する可能性を排除する政策の一環でした。と同時に、この「鎖国」政策は、九州諸藩の対外交易、特にオランダとの通商を長崎に限定して、それを徳川家で独占することにより、他の大名が外国勢力と関係をつくらないようにする目的があったのです。

「鎖国」政策の対象はヨーロッパ諸国であって、徳川幕府は明との交易の回復を実現できずにいましたが、家康の許可のもとで薩摩藩は1609年に琉球を配下に治めており、同じ年に、対馬藩の宗氏を通じて李氏朝鮮との交易を再開しました。琉球も朝鮮もそれぞれ明の朝貢国であり、徳川幕府は間接的でしたが、明との交易・情報源は押さえていました。まして1604年から松前藩に対してアイヌとの交易を独占する権利を与えており、北は蝦夷地のアイヌとの交易から、樺太のアイヌがもつ北方大陸との交易ルートをも維持していました。

ということで徳川幕府は、すでに当時の「国際関係」を把握するのに必要な三つの窓口である薩摩口、対馬口、松前口を手にしていました。ただし、今までの三つの口とは異なり、西洋の宗教、航海術、造船技術、大砲、火薬などの製造の知識と技術を幕府の利益を損なうことのないように、いかに「管理」するかということに配慮をしたものです。そのために、長崎という幕府直轄地に四つ目の口「出島」を設けて、ヨーロッパとの交易・知識・技術の渡来を幕府の直接管理のもとにおいたのです。これは豊臣秀吉が1587年に出した第一回目のバテレン追放令（伴天連追放令）から始まり、1639年のポルトガル船来航禁止令に至るまで、52年もの年月を費やしていたことが如実に語っています。松方冬子は『オランダ風説書』の中で、「キリシタン禁制のためヨーロッパ人の入国を制限して監督し、同時にそれまで九州全域で行われていた唐船との貿易を一括して管理するという幕府政策の大きな流れの中で、長崎は生まれたからである」という認識のもとに、「幕府が危険視したのは、ヨーロッパの思想（キリスト教）や軍事力である」と言い、「『四つの口』がどちらかと云うと中国と『つながる』ための装置だったのに対し、『鎖国』政策はヨーロッパ勢力から身を『まもる』ためのものであり『仮想敵』をもっていたのだ」と主張しています。*7

もっとも「鎖国」といわれてきましたが、実際は国を閉ざすどころか、東アジア諸国との交流は密接に存在していました。松前藩は蝦夷地へ、対馬藩は朝鮮へ、薩摩藩は琉球へ、それぞれ渡航が認められていました。したがってこれらの「三つの口」では、日本人および外国人双方とも出入りが可能でした。外国との関係をもつ港をある一定の場所に限定することはごく普通なことであり、現在でも、海外からの航空機・船舶は出入国管理、税関、検疫などの業務執行が可能な都市にある国際空港や港湾に限られいるのは当然です。「四つ目の口」長崎が特異なのは、その港は既存の「三つの口」の対象以外の外国人のみが出入りできても、日本人が出て行くことが禁止されていたという一方通行的であったことです。

その後、1792年に、新たに北方ロシアからの訪問者ラクスマンが現在の根室の沖合いに出現し、通商を求めてきました。そのことを契機として、幕府の「国際関係」の取り組み方を整理・総括するような動きがあったのです。当時、筆頭老中であった松平定信は熟慮のすえ、日本の対外関係は「古《いにしえ》より、通信・通商」に限定されており、「通信通商のことが定めおかれた外、みだりに許し難い」と説明し、外国との交易は長崎でのみ許可されていることを知らせるとともに、長崎入港を許可する「信牌」を与え、「長崎に至って、そこの沙汰に任せよ」と指示してラクスマンを退けたのです。これは少しおかしいです。筆頭老中が決定できないものを一介の長崎奉行が老中と違った決定などできるはずがないのです。ましてや、ラクスマンは十年前の1782年に遭難してロシアに漂流した伊勢の船頭、大黒屋光太夫ら四名を送還させてきたのです。定信は禁じられていた海外の日本人の帰国にもかかわらず、大黒屋らの漂流民の受け入れを許したが、ラクスマンが持参してきたシベリア総督からの通商を求める「信書」を、定信は「通信なき国」からのものとして受理することを拒んだのでした。[*8]

定信は「通信」「通商」という個別の範疇を創作して、日本の対外関係の一方の当事者である西洋の諸外国をその個別の範疇へ押し込み、それが幕府が歴代、遵守してきた「祖法」であるとして「過去」を再編成したのです。[*9] １８０４年にロシアのレザノフが、ラクスマンに与えられた信牌をもって長崎に通商を求めてきたときには、幕府は具体的に通信・通商の国は清、朝鮮、琉球、オランダの四カ国に限られいることを明記して、それ以外の諸国に対しては、幕府は歴代、国を封印していて、これが「祖法」であると申しつけていました。ロナルド・トビによると、これは「定信が創造した『過去』にしか存在しないもの」であって、「この新しい発想は、一種の『書き換えられた』過去と考えるべきもの」と言っています。[*10]

いわゆる「鎖国令」といわれるものが出たときはもちろんのこと、それ以後１５０年以上もの間、「鎖国」という名称は使用されていなかったのです。まして「鎖国」という表現自体は日本人のオランダ通詞である志《し》筑《づき》忠雄が、１６９０年から92年にオランダ東インド会社の長崎商館で医師として勤務したドイツ人医師、エンゲルベルト・ケンペルが自分の体験をもとに上梓した『日本誌』の中に収められている一章を訳出して、それを『鎖国論』（１８０１）と名づけたのがその始まりです。[*11]

レザノフの長崎寄港以降、「鎖国」政策はさらに固まっていったのです。その対象は、かつて幕府が恐れを抱いていたキリシタンではなく、「なぜか以前よりも頻繁に補給や通商を求めて日本の近海にやってくる、強力に武装した西洋帆船に象徴されるもの」でした。[*12] オランダは日本市場の独占的立場を享受しており、その地位を保持するために、ロシアを含めて他のヨーロッパからの競争相手が出現することに絶えず注意を払っており、「オランダ風説書」を通じて巧みに情報操作をもしていました。ただし、すでにイギリスはその国力、特に海軍力ではオランダを凌駕しており、東アジア海域の情勢は著しく変化していました。ましてヨーロッパに勃発したナポレオン戦争の余波を直接に受けるようになってきていたのです。

もはやオランダは、フランスの支配下に落ち、オランダの植民地もフランスの支配下におかれたため、イギリスはオランダ船を追跡攻撃するようになりました。そこで起きたのが1808年のフェートン号事件です。イギリス船がオランダ船を装って長崎港内に入ってきたのです。迎えに来たオランダ商館員二名を拿捕し船に連行した後、薪、水、食料の提供を要求したのです。長崎奉行はフェートン号の焼き払いまたは抑留を命じたが、警備責任を負っている福岡藩・鍋島藩にはそのような命令を実行に移すだけの兵も武器も持ち合わせていなかったのです。結局、フェートン号の要求を満たさなければ港内にある日本の船舶をすべて焼き払う、という脅迫に屈したのです。

この屈辱的事件の結果、幕府は1825年に新たに異国船打ち払い令を発令することにしたのです。この打ち払い令によって最初の砲撃を受けたのが、1837年に日本人漂流者を乗せて非武装で浦賀沖と鹿児島湾に来たアメリカ商船モリソン号でした。また、1834年にイギリス東インド会社の政府認可の対清国貿易独占権の期限が切れることにともない、南アジアや東南アジア地域で貿易で生計を立てていた諸々のイギリス人商人が続々と清国貿易で多大な利潤を上げるべく広東へと群がって来ました。モリソン号事件に代表されるようなアメリカからの貿易商人たちも新たに参入してきたのです。幕府側もいらだちと恐れを吐露し始め、そうしているうちに、日本の指導者に衝撃を与えた一大事件が起きたのです。1839年から1842年までかかったアヘン戦争です。「眠れる獅子」といわれた清国が惨めにもイギリスに敗れたのです。その結果は香港の割譲と最初の不平等条約（治外法権の付与と関税自主権の喪失）といわれる南京条約の締結でした。この南京条約こそが、のちに幕府が列強と締結せずにおれなかった日本の「不平等条約」の種本になったものです。イギリスの在清国貿易長官ジョーン・デイヴィス卿は本国への通信で次の攻略相手は日本であると誇らしげに宣言していました。オランダの日本顧問であったフィリップ・フランツ・フォン・シーボルトにとっても、日本の将来を危惧させ、１８４４年にはオランダの国王ウィレム二世をして、これまでの祖法といわれていた「鎖国」体制は、変化している東アジアの情勢のもとではもはや維持できず、幕府は国を開くべきだ、と「開国」の勧告書を幕府に出させていました。

アヘン戦争の余波は幕府および倒幕諸藩を震撼させました。文明の先進国と考えていた清国がイギリスの軍艦にもろくも敗退したのです。ましてや、かつて中華の真髄と見なされていた明が北狄《ほくてき》である満洲族（女真族）に滅ぼされたときの衝撃よりも、このアヘン戦争での清の敗北は、当時の日本の知識人にとっては、失望を超えて、「もはや中国、頼りにならず」という意識が芽生え、しだいに定着かつ確認されていったのです。高杉晋作が上海で目撃したのは虐げられた中国人の姿だったのです。彼は日記に次のように記しました。「上海、外国船碇泊する常に三四百艘、その余の軍艦十四艘と言う。支那人は外国人の役する所となる。憐むべし。我邦、遂にこれに如かざるを得ざるか、務防これ祈る」[*13]。高杉晋作は日本が同じような運命に陥らないように、実体験として海防の必要性を痛感していたのです。

18世紀末から19世紀初頭に頻繁に日本の沿岸に出没した一連の西欧艦船は、北からはロシア、南からイギリス、それに新たに新興国アメリカが加わったのです。急増する外からの脅威に晒されて、国の安寧をあずかる幕閣はもちろんのこと、諸藩の大名も佐幕、勤皇にかかわらず、「海防論」構築と実践に力を注いでいました。林子平《はやししへい》の『海国兵談』、佐久間象山の『海防八策』、会沢正志斎《せいしさい》の『新論』、徳川斉昭の海防政策、藤田東湖の

『回天詩史』、渡辺崋山の『慎機論』、高野長英の『戊戌夢物語』、横井小楠《よこいしょうなん》の『夷虜応接大意』などは1853年のペリー来航以前および以後にわたる攘夷・開国両陣営の政策論争に理論的基盤をあたえていったのでした。

日本のおかれた国際関係を、16世紀から始まったヨーロッパ諸国による植民地化という大きな流れの中でとらえれば、19世紀の日本はまさに植民地化の危険に晒されていたのです。アジアのほとんどの諸国がすでにポルトガル、スペイン、オランダ、フランス、イギリスなどの手に落ちており、さらに米国とロシアが新たに交易拡大・領土拡張競争に参画してきたのです。400年前の日本の国際関係を構築した「南蛮人」や「紅毛《こうもう》人《じん》」が、その後、江戸時代の「鎖国」をも逆に利用して、幕末の政治状況をしかと見抜き、巧みにそれぞれ自国の利益になるように政局を導くように画策してきたのです。ただし、押し寄せる欧米列強の外交戦略に対して、徳川幕府の幕閣も、倒幕雄藩の指導者も、いずれも外国勢力と結託して自らの利益の増大や保全をしようとは考えなかったのです。その結果、幸いなことに、西欧諸国からの政治的・軍事的介入・干渉は発生しなかったのです。

3 欧米の帝国主義を学ぶ日本近代化

司馬遼太郎が『「明治」という国家』の中で、幕府の近代化を推しすすめて、日本近代化の父といわれる旗本・幕臣、小栗上野介忠順《おぐりこうずけのすけただまさ》が1860年の遣米使節以後の貢献を語りながら、なぜ、幕末から明治の指導者が、佐久間象山の「夷の術を以って夷を制す」という戦略を国を守るためにとらざるをえなかったかを以下のように述べています。

アメリカから帰った後、数年して小栗は、幕府の財務長官である勘定奉行の職に就いて金庫の中身を知り、ついで今度は、お金を使うほうの陸軍奉行や軍艦奉行になり、さらには、これら幕府の軍制をフランス式に換えるべく設計し、みごとに実施に移しました。難事業で、矛盾にみちていました。武士制度という日本の伝統的なものを一挙に解体することは幕藩否定、つまり自己否定になりますから、それには手をふれずに残したまま、直参の子弟を洋式陸軍の士官にし、庶民から兵卒を志願でもって募集するという、いわば新旧二重構造の軍制でした。特に海軍を大いに充実させようとしました。ヨーロッパの帝国主義に対しては、ヨーロッパ型の国をつくる以外に、独立自尊の方法はなかったのです。いま考えても、それ以外に方法は見つかりません。*14

しかし、「夷の術を以て夷を制する」という気概をもちつつも、迫りくる欧米が備えている圧倒的な軍事力、近代的知識・技術を前にして、何もこれという為す術はありませんでした。そこで考え出したのが、対峙すべく相手にはなくても、日本にあるものを探し出すことだったのです。これは危機に直面して発生する不安感を癒すための精神分析でいう防御メカニズムです。たどり着くところは日本のユニークさであり、他の諸国と峻別する日本特有なアイデンティティを求めることになりました。歴史学派の傾向として、思考様式が保守的かつ精神的または観念的になったのです。水戸学の会沢正志斎を介して吉田松陰が見つけたものは、日本は「神聖ありて、然る後に蒼生あり」ということでした。そして松蔭は、これが独特な日本の「国体」であるとしたのです。[*15]

「王道」であり「覇道」でないといいつつ、[*16]「夷狄」という言葉によく表れているごとく、その心は「華夷秩序」の踏襲でした。維新の後、明治初期の日本のエリートは日本こそ「中華」であると、日本の近代化の成果を誇り、日本の周辺にある諸国の「日本化」に繋がったのです。1875年に起きた朝鮮の江華島事件ほど、幕末の日本に開国を迫ったペリーの江戸湾での砲艦外交を彷彿とさせるものはなく、攘夷を叫び「鎖国」政策を敷いていた李氏朝鮮に対して「不平等条約」である日朝修好条規を結ばさせました。近代的な国際関係を朝鮮と築くという大義も、日米修好通商条約以来の日本にとって重要な国家課題であった「条約改正」の願望とは裏腹に、日本が強いられた以上のことを朝鮮に要求したことはきわめて皮肉な「日本化」でした。

華夷思想のもとで、中心である日本を「華」として、辺境にある夷狄を蔑視する排他的な考え方は抑制された反面、「中国に莅《のぞ》みて四夷を撫《ぶ》せん」(『孟子』)のごとく日本を高座にすえ、辺境の蕃族を開化啓蒙し、日本に同化させるという一見、包容性のある論理が積極的に展開されました。この日本版の「華夷秩序」に日本特有の家族制度がかぶさり、家族国家論に発展して出てきたのが「八紘一宇《はっこういちう》」「五族協和」「四海同胞」というスローガンでした。小熊英二がいうのに

大日本帝国の人類学や言語学、歴史学は、被支配民族が日本民族と兄弟だと立証することで、天皇を家長、日本民族を兄とする家族国家論の中にとりこむ役割を果たした。養子にされた「弟」は、養家への同化を強要されるが、永遠に「兄」を追いぬくことはできない地位に固定される。それは、権力支配を顕在化させることなく、「自然」な秩序に押しこめることだった。[*17]

ちょうど、幕末の重臣や倒幕の雄藩の指導者たちを震撼させたアヘン戦争開始から100年目になる1938年に近衛文麿が、「東亜新秩序」の考えを使い始めたことも歴史の皮肉です。近衛はこの談話の中で「この新秩序の建設は日満支三国相携へ、政治、経済、文化等各般にわたり互助連環の関係を樹立するを以て根幹とし、東亜に於ける国際正義の確立、共同防共の達成、新文化の創造、経済結合の実現を期するにあり。是れ実に東亜を安定し、世界の進運に寄与する所以なり」といい、「東亜永遠の安定を確保すべき新秩序の建設」が、当時進行していた支那事変の究極の目的であると述べました。さらに「東亜に於ける新秩序の建設は、我が肇国の精神に淵源」していると明言しました。そしてこの「東亜新秩序」は1940年に採択された「基本国策要綱」に引き継がれていったのです。[*18]

近衛のいう「東亜新秩序」は、「満洲国」の建国と支那への進出を正当化・既成事実化する「新秩序」です。それは当時の列強の主流であった「ブロック経済圏」を構築して、日本をしてアウタルキー（経済自立国家）とするものでした。その時すでにアヘン戦争後の清国は、欧米列強の帝国主義の俎上に載せられており、領土は分断され、列強に割譲または租借され、それぞれ別々に列強の権益が設定されており、一見して独立国としての体裁を欠いていました。日本も明治維新以降、国是としての「開国進取」の政策のもとに、増大する欧米列強の極東への進出を眼前にして、日本の独立を確保するために、積極的に朝鮮および満洲での特殊権益を国防政策の一環として設定してきました。オックスフォード大学の著名な歴史学者であったJ・M・ロバーツが述べたように、アヘン戦争はまさに「アジアと西洋との間の100年戦争」の始まりだったのです。[*19]

明治維新以降の日本の近代化の過程は、遅ればせながらも欧米の帝国主義政策を踏襲していきました。地政学を重視して日本の国防に必要な「防衛線」を引き、国内の社会・経済問題の解決・発展のため海外に領土の拡張を図ってきました。アジア大陸から日本列島の横腹に対して、あたかも匕首《あいくち》のように出ている朝鮮半島をめぐる日清、日露の戦争にかろうじて連勝し、欧米列強との領土、権益獲得競争に参加していきました。欧米の列強に追い着くことに夢中であったのです。国際社会において「先駆者」と同じ行為を「遅れて来た者」が行うことは許されるが、その許容期間は先駆者が新たなルールをつくりだすまでという「先駆者のルール」がわからなかったのです。

『三四郎』の中で夏目漱石は、三四郎が汽車の中であった髭の男に言わせています。「こんな顔をして、こんなに弱っていては、いくら日露戦争に勝って、一等国になっても駄目ですね」。三四郎が「然しこれからは日本も段々発展するでしょう」と弁護すると、その髭の男はすましたもので「亡びるね」と言いました。「日本より頭の中のほうが広いでしょう……囚われちゃ駄目だ。いくら日本の為を思ったって贔屓の引き倒しになるばかりだ」と。[*20] あたかも、その後の日本の姿を予測するごとくにです。

日本のように「遅れて来た者」の悲哀は、「先駆者」が今まで自由勝手にやってきた行為を同じように遅まきながらやり始めたときに、「先駆者」の自由裁量で新たにつくられる規則で禁止される、という状況にしばしば陥ることです。「遅れて来た者」は追い着くことに忙しくて、その対象である当該行為にまつわる時間の経過と新たなゲームのルールの発展に無頓着でした。許容性の究極的なものさしは先駆的な能力を排他的にもっているかどうか、でしかないことになります。つまり「先駆者」としてある行為を行う能力をもった者はその行為の果実を享受でき、「先駆者」と同じ能力を後から取得しても、「遅れて来た者」はその能力すら行使できないという新たな現実に直面することになります。

この「先駆者のルール」のもっとも典型的な例は領土の獲得です。15、16世紀の火薬、鉄砲と大型帆船の力によって始まった大航海時代と、19世紀の蒸気エンジンで海を回る軍艦と大砲で闊歩した帝国主義で、欧米の列強は世界の弱き国々を植民地化しました。これらの宗主国は1960年代になって脱植民地化が始まるまで、征服の果実を享受してきたのです。香港がアヘン戦争以降1842年から1997年までの150年ものあいだ英国領であった、という事実が「先駆者のルール」を如実に証明しています。日本がこの「先駆者のルール」の犠牲になったのは、三国干渉に屈して遼東半島を割譲できなかったときに始まり、第一次大戦後のワシントン体制の一翼を担う九カ国条約での日本のごとく「遅れて来た者」への新たな植民地獲得が禁止されたとき、それと、大東亜戦争に敗れたことにより明治維新以降、国際法上も合法的な合意にもとづいて取得した領土を獲られたときです。同じ論理は後述しますが、1941年8月にルーズヴェルトとチャーチルが発表したいわゆる「大西洋憲章」にも貫かれているのです。

現代の「先駆者のルール」は、核兵器不拡散条約に明示的に表れています。核兵器の保有国と非保有国の間に存在する不平等性が永続するように意図されているのです。核兵器の「特権」は1967年以前に核兵器を開発した「先駆者」に「核兵器国家」として排他的に保存されています。同じように、現在の環境保護や持続的開発の目的のための規制、気候温暖化防止にかかわるCO2発生削減、捕鯨禁止などの「先駆者のルール」が口にされる前は、先進国は自由に好きなことをやってきたのです。日本の領土に関しても「先駆者のルール」は現在でも運用されています。竹島はすでに韓国の実効的支配の中にあり、沖縄のさらに南にある尖閣諸島はすでに中国の領土であると中国の法律に明記されているのです。北方領土は今でもロシアに不法占拠されたままです。

4　東アジア進出での列強の角逐――日英同盟からワシントン体制へ

　1898年の米西戦争に勝利した米国は、アジアの地にスペインの植民地だったフィリピンを手に入れました。ちょうど清国が日本を含めて列強の熾烈な領土割譲・特殊権益設定の要求に苦しんでいるときでした。米国は「門戸開放政策」を1899年に唱え、「主権尊重」「領土保全」「機会均等」を清国に権益をもっている列強諸国に対して要求しました。これらの原則は、今でこそ国際法に順ずるものといわれてますが、当時はまだ新たに形成されつつある国際的原則だったのです。基本的には支那に遅れをとった米国の国益を擁護するための政策でした。ただし、政治というものは、私的利益（ここでは米国の利益）を、公の大義・公益（ここでは国際法上の原則）の名のもとに保全・拡大することです。こういう大義が新たな実効性をもつ「先駆者のルール」として権威をもってくるということに、日本はあまりにも無頓着だったのです。米国の「門戸開放政策」は、日清戦争終結にかかわる下関条約で決められた遼東半島割譲に対する「三国干渉」をも踏まえて出てきたことです。まして「三国干渉」をして、露独仏三国が問題にしていたのは、遼東半島の割譲が、朝鮮の独立と朝鮮における日本の優先権を、清国と列強に認めさせる、という本来の日本が唱えた戦勝目的から逸脱していただけではなく、列強の権益を脅かすと考えられたからです。そして、そのことをわかっていたにもかかわらずでした。[*21]「中華」として華夷秩序を踏襲した日本は、内田樹《うちだたつる》が言うように「国力が充実した中華王朝は国威発揚のために必ず四囲の蕃族を討伐するから」です。[*22]

日清戦争に勝利したものの、日本は三国干渉に屈したのです。本稿冒頭でもハンティントン教授の「日本の他国との関係は文化的な紐帯ではなく、安全保障および経済的な利害によって形成されることになる」という主張に言及しましたが、[*23] 三国干渉に屈したことによる教訓は「列強の利害が錯綜する東亜において、日本単独では戦勝の成果をすら戦後の政策に反映できない」ということで、これを思い知らされたのでした。[*24] 当時の国際関係を支配していた政治理論は典型的な「勢力均衡」論です。自国の独立と通商の安定化を求めるために、近隣諸国の独立と安定を望み、相互の国益が互恵的・補完的な関係にある国々と同盟・協商体制を組み、お互いの国益が衝突または競合関係にある国々のもつ勢力とのバランスを図ることによって、安全保障を確立するという国際政治理論です。

それにしても、かたや当時、世界最強の海軍をもち、世界の七つの海に君臨していた大英帝国です。その大英帝国が極東のちっぽけな新参者の日本と同盟関係に入るなど、どうして考えたのでしょうか。近代国家「大日本帝国」を打ち建てたといっても、いまだに列強との「不平等条約」を改正できない小国でした。それでも1894年の日清戦争に勝利し、清国をして朝鮮の宗主国という地位を放棄させ、清国での新たな権益をつくりだしていた新進気鋭の国だったのです。

一方の大英帝国は「日の沈むところを知らず」という一大海洋帝国でしたが、その膨大な海外領土を統治するのに憂慮していました。1870—71年の普仏戦争に勝利したプロシアはドイツを統一して、新たにドイツ帝国を打ち建てました。その10年後には、ドイツ帝国はオーストリア・ハンガリー帝国とイタリアとの間で秘密三国同盟を結び、勢力を拡大しました。それに対峙してフランスは、ロシアと手を握り露仏同盟を1894年に結び、ヨーロッパにおける国際関係は再編成されていきました。それ以外に、ロシアの不凍港を求める南下政策、フランスのアフリカ横断政策はもちろんのこと、極東でのイギリスの権益がドイツ、フランス、ロシアにも脅かされていたのです。日英の清国での権益保全と南下してくるロシアの脅威に対する思惑が一致したのです。特に1900年に勃発した義和団事件での日本の英国に対する協力は、英国では高く評価されていました。このときの日本軍の活躍はその後、1963年に上映された「北京の55日」というチャールトン・ヘストン主演のハリウッド映画にもなり、当時の軍紀厳正で責任ある日本の姿を世に伝えています。その時の指揮官、柴五郎中佐こそ日英同盟を成立させた陰の一大功労者でした。戊辰戦争で官軍の略奪暴行を目撃していた会津藩の武士の子だったのです。

日英同盟で、日本は欧米列強と初めて肩を並べることになりました。1902年のことです。1905年と、さらに1911年、二度更新されましたが、1922年にワシントン体制が米国指導のもとで成立したことにより、日英同盟は1923年に自然解消しました。世界最強の海軍国の英国との同盟のもとで日本の国際的地位は著しく高まったことは誰も否定できないことです。特に日露戦争での日本の勝利は、日英同盟を抜きにしては考えられなかったのです。しかし、日本の力が増大すればするほど、国益の保全に危惧を抱く諸国が出てくるのも自然です。すでに1910年には朝鮮を併合しており、日英同盟のもとで第一次大戦に参加した日本は、その戦後処理の一環として戦勝国として、敗戦国ドイツが中国にもっていたドイツ権益と西太平洋の島々を手にしたのです。ロシア革命の最中の1918年には、日本は欧米諸国と共同してシベリア出兵に参加して、列強が撤退した後も居残り戦闘地域を拡大していき、欧米列強から日本の領土拡張の意図に対して疑惑を招きましたが、*25 1922年6月になってようやく撤兵しました。第一次大戦で疲労した英国、それに比較して無傷の米国と、まだ活力を十分に残している日本が国際的地位を増大したのです。英国という同盟国がいなければ、たとえ「地理的バランスの配慮が多分に影響した」といっても、*26 国際連盟に五大常任理事国の一員として国際場裏に非西洋国家とし登場できることはありえなかったのです。国際連盟の事務次長は『武士道』の著者である新戸渡稲造が務めたのでした。

日本は連盟規約採択過程で、新たに第15条として「人種あるいは国籍如何により法律上あるいは事実上何ら差別を設けざることを約す」という「人種差別撤廃条項」を盛り込もうと提案をしましたが、「人種」という文言を削除した「国家平等の原則と国民の公正な処遇を約す」という採択可能な水増しの修正案すら、パリ講和会議の議長であった米国ウィルソン大統領の反対にあい否決されました。これは日本にとって、痛恨を超えて義憤と対米不信感を深め、これ以降、長くにわたって日米間の禍根となりました。[*27]

日本は日露戦争にかろうじて勝利した後、ロシアの南満洲鉄道および満鉄のもつ鉱山その他、各種事業の権利を手にしました。米国の鉄道王ハリマンはその満鉄の権利の半分を買いとろうと試みましたが、日本の拒否にあって失敗に終わり、米国は日本を、米国の「東洋進出を遮る大きなる障碍」と見なし始めました。[*28]まして米国領土のハワイ諸島とアジア進出の拠点であるフィリピン列島の中間に、日本は出てきたのです。国際連盟の委任統治制度のもとで、旧ドイツ領土であったカロリン諸島、マーシャル諸島、グアム島を除くマリアナ諸島は、「日本委任統治領南洋群島」となり日本の管轄下におかれました。それどころか、日清戦争補償で三国干渉のために獲得できなかった領土・権益と比べれば小規模ではありますが、山東省にあるドイツ権益をもらい受けたのです。

これらの進展は、米国が発表した支那の「門戸開放政策」に真っ向から反するもので、米国はその原因が日英同盟にあると判断して、日英同盟の解消に動きました。それは国際連盟とは別に、米国指導のもとに第一次大戦後の世界秩序を構築しようとする1921年のワシントン会議の召集に結びつけられました。本来ならば、米英日三国間の権力分布の再編を目指すものでしたのが、参加国は米、英、日、仏、伊の五カ国の他に、極東問題に利害関係をもつベルギー、オランダ、ポルトガルと支那を加えて九カ国会議としました。基本的に米国が追求したものは、東アジアにおける対外関係に必要な国際的な枠組みをつくりだすことでした。ワシントン会議でつくりだされた新秩序は「ワシントン体制」とよばれ、日本の国益・外交政策を著しく抑制するものでした。*29

5　アメリカの「門戸開放政策」と大東亜戦争

米国はハワイを併合し、グアム、フィリピンを米西戦争の対価として取得し、東アジアに初めて足場を得ました。その時に日本は、米国と太平洋を挟んで向かいあったのです。ワシントン会議からさかのぼること20年、米国はすでにその対太平洋戦略を打ちたてて「大海軍」による世界制覇を企てていました。米西戦争はマハン海軍大佐が『歴史における海上権の影響』に著された戦略思想によっていました。*30 大川周明《おおかわしゅうめい》はその『米英東亜侵略史』で以下のように述べています。

……米国における大海軍論の偉大なる先駆者は『歴史における海上権の影響』という名高い本を書いたマハン海軍大佐であり、これを実行に移したのがセオドア・ルーズヴェルトであります。ルーズヴェルトは1898年3月、すなわち彼が海軍長官だったころ、すでにこの書を読んだ感激をマハン大佐に書き送って『貴下の著書は、予の心中に漠然として存在していた思想に、明確なる姿を与えてくれました。予は崇高なる目的のために貴書を研究した』と述べております。そして後年、彼が大統領となったときには『世界第一等の海軍建設を議会に要求することは、大統領たる予の荘厳なる責任である』と豪語しております。

彼は巨大なる海軍なくては、アメリカはただ中国の門戸開放主義を有効に維持し得ざるのみならず、モンロー主義さえも守りえないと力説し、敵海軍主力の撃滅を第一目的とする大戦艦隊建造の必要を強調したのであります。今日のアメリカ海軍政策は、実にルーズヴェルトの精神を継承し、これを実行しつつあるものであります。[*31]

ワシントン会議は、第一次大戦後の勢力バランスを米国に有利にした現状維持・固定化であり、かつ米国の「門戸開放政策」の条約化でした。具体的には、

① 「ワシントン海軍軍縮条約」で米英日の戦艦比率が5：5：3になり、日本が初期に主張した対米7割は、受け入れられませんでした。さらに、この条約のもとで新たな海軍基地、または要塞の建設が、米国保有の太平洋の諸島、香港と英国保有の東経110度より東にある諸島で、禁止されました。ただし、シンガポールはここには明示されていなかったのです。それと、日本本土および沿岸諸島、オーストラリア、ニュージーランド、ハワイ、アメリカ本土および沿岸諸島は除外されていました。

② 米国の東アジア進出にとって、一大障害になっている「日英同盟」を解消するべく、米国は太平洋地域に権益をもつ自国と日本、イギリス、フランスとの間で、太平洋における領土と権益の相互尊重と、太平洋諸

島における新たな非軍事基地化をとり決める、というあまり実質上の意味がない「四カ国条約」を締結したのです。そして、日本にとって、当時もっとも大事な日英同盟を発展解消させたのでした。

③「九カ国条約」は、中国に対する、ワシントン会議に出席した九カ国で結ばれた「門戸開放」「機会均等」「主権尊重」という米国の「門戸開放政策」を条約化したものです。このため日本は第一次大戦の結果、ドイツから獲得した山東省のドイツ租借地（膠州湾と青島）および山東鉄道を返還しました。さらにこの条約締結により、米国は満洲・東部内蒙古に対する日本の特殊権益を認めるという但し書きをつけて、日本が米国の中国に対する「門戸開放」「機会均等」という一般原則を認めるという第一次大戦中に結ばれた「石井・ランシング協定」は廃棄されました。したがって、大川周明は、「アメリカはこの条約によって、少なくとも形式的には、わが国の支那とくに満蒙における特殊権益を剥奪し去ったのであります」と断定しました。[*32]代わりに得たものは「実体のない国際協調という約束」だけだったのです。[*33]

さらに大川周明は四カ国条約について、「この条約はもともと日英米三国の間に結ばれるべく、その成立と同時に日英同盟を太平洋の藻屑とする魂胆でありましたが、フランスの面子《メンツ》を立てるためにこれを誘い入れて四カ国条約としたものであります。オランダのごときは西太平洋においてフランスより遥かに重大なる利害関係を有しているにかかわらずこれを加入させぬところを見ても、この条約の不真面目さを窺い知ることが出来ます」と断定しています。[*34]

これら三つの条約をもって構築された新しい世界秩序を「ワシントン体制」とよびます。まさに「日米両国の政治的決闘」でした。[*35] そこには、第一次大戦後のヴェルサイユ講和会議でも「遅く来た者」である日本は、ますます正統性をつくりだし実効力をもちだした新しい理念である「平和主義」「国際協調」など、「主権尊重」

や「領土保全」を基本にする考えを理解するには、「先駆者」との間にあまりにも大きな経験的な隔たりがありました。夏目漱石が『それから』の中で長井代助に言わせています。「こう西洋の圧迫を受けている国民は、頭に余裕がないから、碌な仕事は出来ない。……自分の事と、自分の今日、只今の事より外に、何も考えてやしない。考えられない程疲労しているんだから仕方がない。」[*36]「遅く来た者」として、「先駆者」と同じことをしたのだから、戦に勝てば「先駆者」と同じようにその代価をとるのは当然だ、という主張は日本国民一般が広くもっていた期待でした。「国際連盟規約」に署名し連盟の常任理事国として加入した国がです。まして、「機会均等」と「主権尊重・領土保全」の二原則こそは、日本が満洲・韓国におけるロシアの挙動に対して掲げた理念でした。[*37]かつて在外憂国者として活躍したイェール大学教授の朝河貫一は、なぜ世界が満洲での日本の行動に注目するのか、以下のように答えています。

清国の主権および機会均等の二大原則これなり、これを主張したる日本が率先してこれを実行せんことを予期することこれなり。そもそもこの着眼点をあまねく世界に教育したる最大の教師は日本なり。……日本はこの二大原則をもって露国と外交を闘わし、これを声高に世に揚言〔声を張り上げて言うこと〕し、ついにこれがために起ちて国力を賭してこれが強敵と戦い、幸いにして勝ちてこれを平和条約の骨子となし、その上にこれをもって英国と協約し、仏国および露国とも協約し、ついに新外交の二大原則をして東洋に大勝利を博し、二十世紀史の光輝となるに至らしめたり。これ一に日本の宣言と主張と犠牲と勝利と外交とによる。日本なくばこの二大原則は今日のごとき確固たる地盤を得る理なく、従いてまた世人が一般にこれをもって満洲を観るの着眼点となすに至らざりしならん。[*38]

朝河は、ワシントン会議が開催される10年前にすでに「旧外交」にもとづき獲得した租借地は中国に還付すべきであると主張していました。[*39]「旧外交」とは「列国が支那を苦しめつつ相争いて自利を計るの政策」をいい、「新外交」は、「支那の主権を尊重しつつ諸国民の経済的競争の機会の均等なるべきを謀る」政策です。[*40]それどころか朝河は、満洲事変が発生する25年前に日本のとるであろう行動と、それに対する国際世論の動きを驚くほどの正確さで以下のように予言していました。「日本が行く行くは必ず韓国を併せ、南満洲を呑み、清帝国の運命を支配し、かつ手を伸べて印度を動かし、比律賓および満洲を嚇かし、兼ねてあまねく東洋を威服せんと志せるものなり」。[*41]

ただし、中国に駐在していた当時の各国外交団が等しく認めていたものは、「日本政府は1931年9月の満洲侵攻開始までのほぼ10年間、ワシントン会議の協約文書ならびにその精神を守ることに極めて忠実であった」ことです。[*42]もちろん当時の中国の政治状況は混乱をきわめ、中国側に実効的支配力をもっていて「国際関係を処理できる政府」がどこにも存在していなかったのです。[*43]ワシントン会議以降の中国情勢は「不平等条約」の改正をめぐり欧米列強の間でも利害が錯綜していました。そして、アヘン戦争の終結を定めた1842年の南京条約、つまり「不平等条約」に対する民族の不満が爆発して、暴動と外国人排斥運動の渦中で中国における日米間の国益の違いが露呈してしまいました。日米関係と米中関係はお互いに米国を共通項としてもち、米国をもとに左右二辺に分かれるのです。つまり日米中という三角形の底辺こそが日中関係です。それは日米対米中という競合関係を投影しています。一方が良ければ他方は悪化するのです。したがって、日米関係と米中関係は表裏一体なのです。

パール・バック女史が著した『大地』（1931年）に見られるような中国に対する理解、同情は数多くの米国人宣教師による宣教活動に裏づけられたものでした。米国は他のいかなる列強よりも中国に対して寛容でした。中国において現実的な利害が少ない米国は、中国の潜在能力を信頼をし、どちらかといえば理想主義的な政策にはしるきらいがあったのです。*44 反対に日本にとって中国は、経済的にも政治的にも不可欠の存在だったのです。

そして、日本は満洲事変を１９３１年に起こし、あたかも石原莞爾《いしはらかんじ》のいう「最終戦」を戦い抜くために、「満洲建国」を契機として「東亜連盟」をつくるのが「東亜新秩序」建設への第一歩であるとしました。*45 石原のいう「東亜新秩序」は将来、構築されるべき「世界秩序」への一つのステップであって、石原は「天皇が、まもなく東亜連盟の盟主、次いで世界の天皇と仰がれること」を願っていたのです。*46 石原によれば「東亜連盟の初期に於いて、諸国家が未だ天皇をその盟主と仰ぎ奉るに至らない間は、独り日本のみが天皇を戴いているのであるから、日本国は連盟の中核的存在即ち指導国家とならなければならない」と主張していました。*47 石原は、この「最終戦争」を「王道・覇道の決勝戦」であると定義づけていました。*48 この戦争こそ「天皇が世界の天皇で在らせられるべきものか、アメリカの大統領が世界を統制すべきものかという人類のもっとも重大な運命が決定するであろうと思うのであります。即ち東洋の王道と西洋の覇道の、いずれが世界統一の指導原理たるべきかが決定するのであります」*49 という世界革命思想です。「天皇が東亜諸民族から盟主と仰がれる日」こそ「東亜連盟が真に完成した日」であるといい、それでも「八紘一宇のご誠心を配すれば、天皇が東亜連盟の盟主、世界の天皇と仰がれるにいたっても日本国は盟主ではありません」と断言していたのでした。*50

日本は大東亜戦争に敗れました、それが石原の言った「最終戦争」であったかどうかは別にしても。ただし、宣戦の詔勅の日である１９４１年12月８日をもって開戦の日とする以外に、大きな歴史の流れの中で、この戦争がいつの時点から実際に始まったか、という点では必ずしも合意はありません。大川周明も石原莞爾も東西対抗史観のもとに日米の戦争を避けられないものと考えていました。すでに本稿第二章で見たように１４９８年にヴァスコ・ダ・ガマがインド洋への海路を発見して以来、多くのアジアの国々はヨーロッパの列強に虐げられ、支配されてきました。オックスフォード大学のロバーツが言ったようにアジアと西洋の百年戦争は１８３９年に火蓋を切ったアヘン戦争から始まったのです。そう考えれば、大川の言う「ヨーロッパの支配に対するアジア復興の努力」は日露戦争より始まったのです。[*51] 日露戦争での日本の勝利は極東にある「有色人種の小国」が、白人の大国に勝ったという前代未聞の事実が、アジアやアフリカの植民地に生きる人たちに独立の希望と気概を与えたことは否定できないことです。

大川は、日米両国は「ギリシャとペルシア、ローマとカルタゴが戦わねばならなかったごとく、相戦わねばならぬ運命にある」と開戦の16年前に予言していました。[*52] 日米戦争の「不可避性」は、知識人たること大衆たることを問わず、広く共有されており、それが日本国民一般の共通な理解でした。[*53] そのような国民的理解があるからこそ、村田良平が指摘するように「日本の各新聞が、満洲事変当時より一方的に国民の戦意を高め、戦争熱を煽ったこと」が可能であったわけです。[*54] このことに関して、内田樹が非常に的を得た分析をしています。

よく日露戦争以降の日本の東アジアにおける行動を『軍部の暴走』と言いますけれど、私はそれは違うだろうと思います。参謀本部が『統帥権』を掲げて、政府の掣肘を離れて、したい放題のことをしたという説明がよくなされます。外形的にはそういうふうに見えたのかも知れませんけれど、そんなことが可能であるはずがない。政府や世論とは無関係なところで軍部が『暴走』できたのは、それが『暴走』ではなくて、すでに『下絵』が描かれていたからです。中枢的にコントロールされないままに出先の軍隊がランダムに動いて、それがある種の意志を示しているということが本当にありうるとしたら、それは少しもランダムではなく、その『下絵』が当時の日本人たちに無意識的に共有されており、軍人たちはそれをただトレースすればいいだけだったからです。[*55]

だからこそ石原莞爾をして「支那事変の進展中に、高度国防国家建設は、たちまち国民の常識となってしまった」[*56]と言わせるのです。さらに石原は自らこの事態に驚嘆していました。「冷静に考えれば、平和時には全く思い及ばぬ驚異的変化が、何の不思議もなく行われてしまったのである」と述懐しています。[*57]このように客観的に過去の日本の実際の行動を見直してみると少し色合いの違った風景が浮かび上がってくるのではないでしょうか。ジョージ・オーウェルが『1984年』の中で言っています。「誰もが党の押し付ける嘘を受け入れることになれば――すべての記録が同じ作り話を記すことになれば――その嘘は歴史へと移行し、真実になってしまう。党のスローガンは言う、〝過去をコントロールするものは未来をコントロールし、現在をコントロールするものは過去をコントロールする〟」と。[*58]

江藤淳の『閉ざされた言語空間――占領軍の検閲と戦後日本』[*59]で明らかにされているように、日本の過去が占領軍の都合により塗り替えられてきました。それは日本の思想と文化とを殲滅するためだったのです。過去の過ちから学ぶためにも、自らの過去の記録を記録として取り戻すことです。日本が何を、なぜ、何のために、何時、どのように遂行に移したか、そしてその結果として何が起きたのか、作り話ではなく、自らの記述として所有すべきです。戦いに勝った国が敗れた国を占領統治するためにつくったプロパガンダの呪縛から、自らを解放すべきなのです。

6 大東亜戦争と大西洋憲章の実態

日本と米英蘭三国との間で、1941年12月8日に開始された戦争は、その開戦直後に当時の実質上の最高意思決定機関であった大本営政府連絡会議において、「今次の対米英戦争および今後情勢の推移に伴い生起すべき戦争は、支那事変を含めて大東亜戦争と呼称する」ことが決定されました。大東亜戦争開戦では、陸軍のほぼすべての軍事作戦を指導し、「昭和の最後の参謀」といわれた瀬島龍三は、「大東亜戦争」の意味は「大東亜秩序を建設するための戦争であるから『大東亜戦争』と呼ぶというわけのものではない」とひらきなおり、「単に大東亜の地域において戦われる戦争という意味合いに過ぎません。大東亜の地域とは、おおむね、南はビルマ以東、北はバイカル湖以東の東アジアの大陸、並びにおおむね東経180度以西すなわちマーシャル群島以西の西太平洋の海域を指すのであります。インド、豪州は含まれておりません」と敷衍していました。[*60] なんという無責任さでしょう。

「大東亜戦争」という呼称が決定された時点においては、なぜ「大東亜秩序を建設するための戦争」をするのか、という大義づけが開戦の「詔勅」にはなされていなかったことは事実です。そこにあるのは日本の「自存自衛」のため「已むを得ざる」気分の表明だけでした。[*61] ただし、大本営陸軍参謀として意思決定の現場にいた本人が、大本営がこの対米英戦争を「大東亜戦争」あるいは「太平洋戦争」と呼ぶべきかどうか議論した、という事実を伏せたことは単なる失念ではないでしょう。[62] その議論のすえ、「大東亜戦争」を採ったということは、松本健一が言うように「『アジア解放』の理念に重点が置かれ」たからでしょう。[63] まして、1941年12月12日、政府の情報局の発表によると以下のような説明が特についていました。「大東亜戦争と称するは、大東亜新秩序建設を目的とする戦争なることを意味するものにして、戦争地域を大東亜のみに限定する意味に非ず」。[64] そういう状況を熟知していた瀬島が、「大東亜戦争」は「単に大東亜の地域において戦われる戦争という意味合いに過ぎません」というのは詭弁どころか甚だしい侮辱です。まして、当局は、大東亜戦争開始から第七日目、すなわち昭和16年12月14日より12日間、12月25日まで、思想家大川周明をしてNHKラジオで大東亜戦争の意義を「米英東亜侵略史」と題して連続講演させていました。大川は5・15事件に連座して有罪宣告を受けた刑余の身でした。その彼を引っぱり出すのだから尋常ではないはずです。[65] その後の意味づけ、特に1943年11月6日に開催された「大東亜会議」とそこで採択された「大東亜共同宣言」を考えるまでもなく、「あの戦争の渦中で幕僚のひとりとして指揮を執った瀬島」[66] の解説としては無責任であり「大東亜戦争の実相」から著しく乖離しています。[67] 内田樹が正鵠《せいこく》を得た結論を出しています。

「大東亜戦争」を肯定する、ありとあらゆる論拠が示されるにもかかわらず、強靭な思想性と明確な世界戦略にもとづいて私たちは主体的に戦争を選択したと主張する人だけがいない。戦争を肯定する誰もが「私たちは戦争以外の選択肢がないところにまで追い詰められた」という受動態の構文でしか戦争について語らない。思想と戦略がまずあって、それが戦争を領導するのだと考える人がいない。ほんとうにいないのです。[68]

「大東亜共同宣言」はルーズヴェルトとチャーチルの発表した「大西洋憲章」に対抗すべき戦争目的を設定したものです。残念ながら二年も遅れてしまいました。それは開戦当時、この戦争には動機があっても目的がない、と考えた人が東条内閣にいなかったと思われるからです。瀬島が「大東亜戦争」をその戦争が行われた地理的範囲のみに意味があるということもそういう認識が欠落していたことを如実に示しています。したがって、戦争目的の明確化は重光葵が1943年に外務大臣になるまで待たなければならなかったのです。[*69]

「大西洋憲章」は、①領土の不拡大　②国民の合意なき領土変更の不承認　③国民の政治体制（政体）選択の権利の尊重と、強奪された主権の回復　④経済的繁栄に必要な世界の通商と原料の均等な開放　⑤経済的分野における各国間の協力　⑥ナチス暴政の最終的破壊と、恐怖と欠乏からの解放　⑦海洋航行の自由　⑧武力使用の放棄と、恒久的な一般的安全保障体制の確立を謳っていますが、基本的に領土の現状維持と独立国家・植民地宗主国の主権の回復であって植民地解放ではありませんでした。[*70]「大東亜共同宣言」はそれを越えて「東亜の解放、アジア復興」を戦争目的としていました。だからといって、大東亜戦争は［東亜解放］の大義が謳ってあるから、すべて正しかったというわけにはなりません。

鶴見俊輔がすらっと本質をついています。「大東亜共栄圏というのは、ナンセンスだと思っていたね。そんなものは、それこそ日本が朝鮮や台湾を支配しているという状況を解体しなきゃできないていうことを、どうしてわからないいんだろうと思ったよ」[*71]。ただし、大西洋憲章を起草した米英も、植民地宗主国としての主権の回復（植民地の維持保全）を求めたものであるので、日本の主張と大差なかったのです。

実質的目的は、それが合法であっても、手続的に合法・適法でなければその当該行為は違法になります。日本の東亜での占領地域の統治や植民地経営において、日本語を強要したとかいうことは、植民地経営に関してみれば、当時の世界ではごく普通のことでした。フィリピン人がスペイン統治下でスペイン語を教えられ、宗主国がアメリカになれば英語を習うことになるのと同じです。日本に占領されれば日本語になるのです。[*72]ただし、ここに日本語のもつ構造的特質があります。日本語を話すことによって、話し手と聞き手との間に上下関係を必然的に構築することです。だからといって、武田徹の言うように「日本語はその標準的用法に忠実であると、それ自体が天皇制を擁護し、維持する行動になってしまうという独特の特徴を備えている」[*73]ということには直結しないでしょう。言語はしょせん手段であり、政策に中立です。使う人により善くもなり、悪くもなるのです。[*74]

この大東亜戦争を、日本は戦争する以外の選択肢がないところまで米国に追い詰められたという被害者的な文脈でとらえて、だから「自衛戦争」だったというのではなく、それ以前に、なぜ追い詰められるようなことをしたのか、を再考するほうがずっと価値があると思います。もちろん「自衛戦争」はケロッグ・ブリアン不戦条約でも認められていた合法手段でした。まして、何が「自衛」であるかの判断はその当事者である主権国家に委ねられていたのです。この点については東京軍事裁判で唯一の反対意見を提出したインドのパール判事が詳細に意見を述べていました。[*75]残念ながら、すでに言及した「先駆者のルール」が変わったのです。遡及の禁止原則を反故《ほご》にしても新しいルールをつくったのです。欧米の捕鯨禁止という「先駆者のルール」の対応に苦慮している今の日本の姿は支那事変でその処理に失敗した日本と同じです。[*76]

大東亜戦争と呼ぶことによって、歴史というバスを途中から乗り換えて、勝者の論理に鞍替えすることなく自分自身の姿を歴史の鏡で見直すべきです。「一億総懺悔《ざんげ》」に象徴されるものは、大多数の国民が戦争を支持してきたということと、そのことに対する一人ひとりの責任を所有することではなく、日本国民全体に分散することによって、責任所在をあいまいにして誰の責任をも具体的に問わないようにするテクニックでした。それと同時に、連合軍最高司令部民間情報教育局の作成した「ウォー・ギルト・インフォーメーション・プログラム」の一環として企画された『太平洋戦争史』が「戦後日本の歴史記述のパラダイムを規定するとともに、歴史記述のおこなわれるべき言語空間を限定し、かつ閉鎖した」[*77]ことを認識すべきです。このプロパガンダ文書は「太平洋戦争」という呼称を日本語の言語空間に導入したという意味で、歴史的な役割を果たしました。そして、「大東亜戦争」という呼称は禁止されました。[*78] 松本健一によると、「敗戦後、日本人はあの戦争がアジアの解放をめざすという理念を掲げていたにしても、現実にはアジアを泥靴で踏み侵略をしたことを知った。その贖罪感《しょくざい》から、理念的な『大東亜戦争』という呼称を捨て、占領軍によって指示された『太平洋戦争』という呼称を使うようになったのです。そして、そのことによって、大東亜戦争が勃発したときアジアの解放を目指すために米英と戦うという理念にみずから感激した過去をも忘失したのだった」。[*79]

とはいうものの、東京裁判の審理開始直前に発狂して裁判中は精神科病院に入れられて治療・療養を命ぜられていた大川周明が、不思議なことに裁判終結のころになると全治・退院したことについて、市井では大川の病は仮病であって戦犯裁判を逃れるための「偽発狂」だったのだと言う者も多くいました。大川発狂仮病説が生きつづける理由は、多くの人が大東亜戦争のもつ「アジア解放」という理念に対する期待があったからだと思います。戦争に負けたけど、「アジア解放」の理念は負けていないという期待が、「もし大川が病を装って連合国側をみごとに欺いたというのなら、それはそれで東京裁判自体を『一場のコメディー』にしてしまったのに等しく、卑怯どころか、大川のほうが一枚上手だったということになりはしないか。そして、そうおもいたい心理が戦争に敗けた日本人のどこかに潜んでいるのだ」と松本健一は言っているのです。[*80]

私は加藤典弘の『敗戦後論』[*81]には多々共感をもっています。加藤は「戦後というこの時代の本質は、そこで日本という社会がいわば人格的に二つに分裂していることにある」[*82]と言い、それは「大江健三郎の江藤淳に対する拒絶的な姿勢に代表される、かたくなな姿勢」[*83]が総体の一部である対立者の存在を認め、国民的なコンセンサスの形成を拒んできたのです。ひと口で言えば、敗戦を共有していないのです。加藤に言わせれば「それは戦争を通過していない」のです。[*84]敗戦後65年を経た現在、沖縄の普天間の米国海兵隊飛行部隊の移設問題をめぐって、日本人は、やっと占領軍の民間情報教育局が作成した「ウォー・ギルト・インフォメーション・プログラム」の呪縛から解放されつつあるように思えます。北朝鮮の核実験やミサイル発射、また最近の魚雷による韓国海軍の哨戒艇の撃沈事件、さらに中国海軍の艦隊10艘が沖縄本島と宮古島の間を通過して、日本の最南端に位置する沖ノ鳥島まで航海するという示威行動など、日本をめぐる国際環境が呪縛からの解放に効果があったのかもしれないですね。本題に戻ります。

加藤は、負けいくさは、それをきっかけにその国に「いわばギクシャクした、ねじれた生き方」[*85]を強いると言ってます。

日本における先の戦争、第二次世界大戦も、『義』のない戦争、侵略戦争でした。そのため、国と国民のためにと死んだ兵士たちの『死』、──『自由』のため、『アジア解放』のためとそのおり教えられた『義』を信じて戦場に向かった兵士の死──は、無意味となる。そしてそのことによって私たちのものとなる『ねじれ』は、いまもわたし達に残るのです。[*86]

加藤の言う「先の戦争」とは、日本が始めた戦争であるから「大東亜戦争」と呼ぶか、あるいは勝者である占領軍に指示された「太平洋戦争」と呼ばれるものであって、もしどちらもいやなら「15年戦争」とか「アジア・太平洋戦争」であっても、「第二次世界大戦」ではないと私は考えています。ちなみに「15年戦争」と命名した鶴見俊輔でも、最近の座談会で2回は「15年戦争」を使ったが、それ以外は一貫して大東亜戦争と呼んでいました。[*87] たぶん加藤は「ねじれ」ないことに気を配りすぎて、「敗戦」という主体である当該戦争の固有名詞を選択するのに逡巡したのでしょう。大東亜戦争の当事者が使用していた名称を占領国に禁止されたままに、そのプロパガンダ用の「太平洋戦争」という名称を、敗戦後65年たった今も後生大事に使っていること自体が不思議議です。あえて「大東亜戦争」という名称を使用する場合には、その理由をわざわざ付け加えずにおれないことがおかしいのです。[*88] そもそも敗戦を経験して自らこの戦争を遂行した責任者の責任を問うことがなかった国民にとって、「国家と国民の関係は『ねじれ』ていて当たり前」なのです。[*89]

さらに加藤は「日本の戦後という時間が、いまなお持続しているもう一つの理由は、いうまでもなく、日本が他国に対して行ったさまざまな侵略的行為の責任を、とらず、そのことをめぐり謝罪を行っていないからである」[*90] と言っています。

大東亜戦争に対する日本の贖罪はすでに成されているのです。単にサンフランシスコ平和条約で、旧敵国のみならず平和条約のもとで日本に対して請求権をもっていた国々を含む合計27カ国に対し、当該国がこうむった損害をすべて受容することによって、日本は戦争行為をあがなったのみならず、何十年もの間これらの国々に対して経済援助を与えてきたのです。[*91]

もちろん加藤によれば、たぶん「謝罪」することは「贖罪」することと本質的に違うというのでしょう。であれば、アヘン戦争という100年戦争を始めたイギリスは、それ以前に植民地としてインドを所有してたイギリスは、その「さまざまな侵略行為」に対して「謝罪」したのでしょうか？　同じ質問はインドシナを植民地とし、日本の敗戦後、再びその領土をフランス植民地として武力で取り戻そうとしたフランスにも、インドネシアを植民地としたオランダにも向けられてよいはずです。すべてのアジアの植民地はすでに、欧米諸国の手によって征服されていたということと、第二次世界大戦の遂行と戦後の世界秩序に関する基本原則を示した「大西洋憲章」は植民地宗主国の主権の回復を求めたものであって、植民地解放を謳ったものではない、ということを忘れていることも「戦後の欺瞞の構造」[*92]の一部を形成しているのです。

　大東亜会議に参加したビルマのバー・モウ首相、フィリピンのホセ・ラウレル大統領、自由インド仮政府首班のチャンドラ・ボースにしても、単に日本の傀儡《かいらい》政権と切り捨てられるものではなく、「植民地に生きる人間」として独立を望み、その望みをかなえるためには大東亜戦争をも、日本が彼らを利用したと同じように、利用したにちがいないのです。大東亜会議の参加者からのさまざまな修正案はことごとく退けられ、最終的に採択されたものは外務省ではなく大東亜省原案に沿うものであったといいます。[*93]たとえ「大東亜共同宣言」が満場一致で採択されていても、そこには別の「植民地に生きる人間」としての自己利益が包含されていたはずなのです。そして「大東亜を米英の桎梏《しっこく》より解放」するために、欧米帝国主義列強と戦うことが日本自ら帝国主義戦争を遂行することでした。それによって、本来その戦争の受益者として欧米の植民地から独立すべきアジアの諸国を、欧米から奪いとるという帝国主義を実践したのです。それこそ、東条英機をして「大東亜民族の誠意を認識して、これと協力して行くようにされなければならぬ。実は東亜の他民族の協力を得ることが出来なかったことが今回の敗戦の原因であったと考えて居る」と言わせている根本的な理由でしょう。[*94]

7　日本の役割――東洋でもなく西洋でもなく

「自由主義から統制主義への社会的革命を実行した」といわれる「大日本帝国」[*95]は、米英に代表される欧米の自由主義勢力に敗れました。その掲げる「八紘一宇」という大理想は、同時にもろくも破れさりました。連合諸国がえがいた新たな世界秩序は、国際連盟の失敗を踏まえて連合五大国の絶対的優位のもとに、国際安全保障体制を構築するという「国際連合機構」でした。その国際連合も、五大国の合意なしでは強制力をもった安全保障を確保できないという期待が裏目にでて、東西冷戦下での「拒否権」の乱用にあって、国連が想定した国際安全保障体制は麻痺し、本来の機能をまったく達成できないままに冷戦の終焉を迎えたのです。またしても全体主義は自由主義に敗れたのです。

鈴木大拙翁は、「分けて制する」と訳されるラテン語の divide et impera（英語の divide and rule）の言葉がもつ西洋思想や文化の特性との関係を自由主義にも見ていました。

　分割は知性の性格である。まず主と客をわける。われと人、自分と世界、心と物、天と地、陰と陽、など、すべて分けることが知性である。主客の分別を付けないと、知識が成立せぬ。……それから、分けると、分けられたものの間に争いが起こるのは当然だ。即ち、力の世界がそこから開けてくる。力とは勝負である。……この征服欲が力、すなわち各種のインペリアリズム（侵略主義）の実現となる。自由の一面にはこの性格が見られる。*96

19世紀のイギリスの自由主義も現在のアメリカの自由主義も同じ帝国主義なのです。それは基本的には「弱肉強食」の論理です。自由競争を基本としてその競争原理を損なうものは徹底的に排除していきます。自由主義は覇者の論理です。強い者が自由を最大限に享受できるわけです。ちょうど17世紀の一大海洋国オランダが「航海の自由」を主張したとき、その理論的支柱となったのはオランダ東インド会社の法律顧問であったヒューゴー・グロティウスだったのは偶然ではないのです。オランダにまだ劣るイギリスがジョーン・セルデンを使って「閉鎖された海」で反論したのも、産業基盤の脆弱な国が保護主義を主張する今の構図とまったく同じです。

１９８９年11月9日にベルリンの壁が倒壊するのをうけ、１９９１年12月25日のソヴィエト連邦の解体と崩壊の後、世界で唯一の超大国となった米国も自由主義の勝利を謳歌して自由主義至上主義を実践・推進してきました。いま振りかえるのに、１９９５年に設立された世界貿易機関（ＷＴＯ）がその頂点であったと思います。貿易の自由化、金融・為替の自由化などの構造改革政策はグローバリゼーションの波に乗って世界を席巻しました。それでも、しだいに１９９７年のアジア金融危機の原因が解明され始めたとき、グローバリゼーションはアメリカ化であることがしだいに認識されてきました。その時に起きたのが２００８–09年の世界的金融・経済危機です。*97

ではこれから、われわれは何をすべきでしょうか。自らの過去を取り戻すことはすでに述べました。「15年戦争」でも「アジア・太平洋戦争」でもなく、「大東亜戦争」と呼び、過去を取り戻すことによってはじめて、「闇に追いやられた部分を白日の下にさらすことができる」[*98]ものと考えます。忘れ去られた過去をもう一度取り戻すことは、新しい物語を自らつくっていくための必要不可欠な素材なのです。

地政学的には、日本がおかれている環境は今も昔も変わりはないのです。一つの国の国際関係はその国の力を反映しています。「国力」というのはその国の総合的な力です。端的な物理的な力である軍事力から、形のない倫理観、気概や他の諸国から受ける尊敬など有形無形の政策遂行のもとになる力です。たとえば、2010年6月半ばに7年間の長い宇宙大航海を成功裏に果たして帰還した「はやぶさ」の物語に、誰もが驚嘆・感銘して、その成功の裏にある日本の科学的ヴィジョンと技術力に誇りを感じたことでしょう。科学衛星を打ち上げるロッケットの技術、小惑星探査機の自律制御能力などは、日本の近隣諸国へ安全保障上のインテリジェンスとしてたしかに受信されているはずです。これは日本の潜在的な抑止力となっています。これこそが一つの国の国力の一端を形成しているわけです。

日本は世界第二位の経済大国と自他ともに許した時代に、財力をもって国際社会での地位を確保してきました。国連の「支払い能力原則」によって国連一般予算の総額の16%の分担金を払うという世界第二位の財政負担をしています。それをもとに安全保障理事会の常任理事国の地位を求めてますが、そういう机上の空論で夢見ることはやめるべきです。かつて15、16世紀の大航海時代の海洋大国がもっていた力は、単に莫大な財力や大型帆船を作る技術力、外洋を渡る航海術・知識のみならず、その膨大な計画を遂行するだけの決意であり、未知の世界へ毅然《きぜん》として立ち向かうために必要なたくましさと気概をもって行動を起こせる人たちでした。日本の近代国家をつくった人たちも、まさにそういう人たちでした。鶴見俊輔のいう「つくる人」だったのです。[*99]

その反対に、明治国家体制のもとで「つくられた人」がつくった大東亜戦争に敗れた日本は、かつての気概もたくましさも阻喪《そそう》してしまいました。東京裁判が「文明の裁き」であったならば、大川周明や石原莞爾のいう東西対抗史観の戦いに敗れたのです。それはちょうどアヘン戦争に始まったアジアと西洋の１００年戦争に敗れたのと同じです。覇者の論理である「自由主義」が勝利したといえども、人それぞれがもつ好みや欲するものはさまざまである、という根本的に経験的な証として、世界は多様なのです。個人の選択の自由を尊重すれば、必然的に世界は多様化し、複合・重層社会になっていきます。したがって、覇者としてのアメリカの色に染まり、アメリカの描く世界秩序に均一的に順応することではないはずです。日本の役割は、その多様化した国際社会において東アジア地域の一つの国として、その地域の秩序の平和と安全保障の維持に貢献する力をもつことです。複数のリージョナル・パワーが各々の地域で平和裏に競合することが大国の横暴をチェックすることになり、それが世界秩序の維持に貢献するものなのです。

それは「八紘一宇」というスローガンに表れているような華夷秩序に、日本の独特な家族制度が覆いかぶさったような世界秩序ではないでしょう。そのような世界秩序は、大東亜共栄圏と同じく、普遍性にかけるどころか、排他的な日本の国体という日本独特な特殊性を前提としていながら、その特殊性を逆に「普遍的なもの」として力ずくで他国に押しつけていく秩序でありました。[*100] いずれにしても、世界の主要国首脳会議がＧ７からＧ20に移行したことが如実に示しているように、単一的な世界秩序は必然的に崩壊します。つまりファシズムやコミュニズムの全体主義に対峙して勝ち抜いてきた自由主義（西欧民主主義）であっても、世界唯一のスーパー・パワーとして残った覇権国の米国は、そのイラク・アフガン戦争による消耗と、極端な自由主義が引き起こした世界金融危機による経済力の衰退とともに、かつてのような求心力を維持できずにいます。

新たにグローバルな意思決定プロセスに参入してきたブリックス（ＢＲＩＣｓ）といわれるブラジル、ロシア、インド、中国は地域的勢力国家、リージョナル・パワーとして、包括的で、しかも複合的な世界秩序を構成するコラムの役割を果たしています。

西洋に打ち勝つという世界秩序ではなく、西洋か東洋かという二者択一の世界でもなく、一つの世界の中にお互いの良いものを取り入れて、相互に理解を深め、豊かになる互恵の世界の構築に日本の独特な文化文明をもって貢献していくのが、日本の新たな責任であると考えています。ジャポニズムに代表されるような西洋から発見されるものではなく、日本から積極的に発信していくものです。『ガラパゴス化する日本』の中で吉川尚宏が「ガラパゴス化」というのは、日本の「過度の垂直統合ビジネスによるデメリットや閉鎖性を強調しているのであって、希少性、独自性を否定しているわけではない」と断っています。「ただ狭いガラパゴス諸島の中で独自進化していても仕方がない」のです。それよりも「世界に向けて、独自進化した種が生き延びていかないといけない」と主張しています。[*101]

そのために、日本はこれまで以上に「つくる人」を必要としているのです。岡倉天心の『茶の本』『東洋の理想』、新渡戸稲造の『武士道』、鈴木大拙の『禅』などは「つくる人」の古典です。現代には、中根千枝の『タテ社会の人間関係——単一社会の理論』や土居《どい》健郎《たけお》の『「甘え」の構造』などがありますが、これら二つの書物は日本文化や日本人を理解するためであって、残念ながら、西洋と東洋とも両方から採り入れられるという新たな「世界水準」の設定ではないのです。

内田樹に言いわせれば、日本人は世界水準を追い抜くことなど先行者の立場から他国を領導することが問題になると思考停止に陥り、脊髄反射的に思考が停止すると。つまり「『諸国の範となるような国』はもう日本とは呼べない」と言うのです。[*102] 世界水準を設定するためにはそのメッセージは教化的にならなければならないと述べ、日本人には「『世界標準に準拠して振舞うことはできるが、世界標準を新たに設定することはできない』、それが辺境の限界」だと断言しています。[*103]

日本には世界文化形成に貢献し得るものがあるのです。最先端を行く日本の技術はもちろんのこと、人の行動様式や物事の考え方を変えていくようなもの、それは人間社会にある価値観の再編成を通じて理解できるものです。個人と集団の共生など、効率至上主義を再吟味すれば、効率の高さだけでは人の幸せや福利・厚生の助けにならないものです。西洋の思考の根本にある「父」ではなく、東洋の考え方の根源には「母」があるのです。「無条件の愛でなにもかも包容する」母です。[*104] 終身雇用、鼎立式意思決定方法（じゃんけん）、惻隠《そくいん》の情、和の精神、逃げるが勝ちの精神、喧嘩両成敗など、また、伝統的なものや「ゴジラ」から始まり「トランスフォーマー」に象徴される日本が生み出した世界的なキャラクター、日本の世界に誇る「アニメ」など、多々あるでしょう。鈴木大拙が93歳で著した『東洋的な見方』（1963年）で言っています。「本書で『東洋的』という文字をよく使ったが、その真意は、まさに来るべき『世界文化』なるものに対して、われら東洋民族の一員として、それに大いに貢献すべきものをもっておることを、読者に知ってほしいと思ってのことである」と。[*105]

辺境であれば、辺境人の開拓精神をもって「世界文化」の創造に「東洋的な見方」を通じてたくましく参加していけばいいのです。「辺境」には限界はありません。限界をさらに推し進めて拓《ひら》いていくのが辺境人の気概であり貢献なのです。

＊1 サミュエル・ハンティントン（鈴木主税訳）『文明の衝突』集英社　1998
＊2 同上　pp.3-4

*3 同上　p.4

*4 内田樹『日本辺境論』新潮新書　2009　柄谷行人は「日本を中国という世界帝国の周縁としてみる」ことによって、「特殊日本的と見えた諸問題が普遍化できる」と考える。柄谷行人『日本精神分析』講談社学術文庫　2007：p.17

*5 網野善彦『日本論の視座－列島の社会と国家』小学館　2004

*6 富坂　聡『平成海防論－国難は海からやってくる』新潮社　2009

*7 松方冬子『オランダ風説書－「鎖国」日本に語られた「世界」』中公新書　2010：p.10

*8 ロナルド・トビ『「鎖国」という外交』日本の歴史第9巻　小学館　2008：p.91

*9 同上　pp.92-93

*10 同上　p.93

*11 小堀桂一郎『鎖国の思想－ケンペルの世界史的使命』中公新書　1974

*12 松方冬子　前掲脚注7 p.138

*13 高杉晋作『上海掩留日記』松本健一『開国のかたち』岩波現代文庫　2008：p.123から引用

*14 司馬遼太郎『「明治」という国家』日本放送出版協会　1988：p.32

*15 松本　前掲注13　pp.100-02「国体」は会沢正志斎が『新論』（1825）用いた用法を起源として、それはもともと水戸学用語でした。田中康二『本居宣長の大東亜戦争』ぺりかん社　2009：pp.28-31

*16 石原莞爾『最終戦総論』中公文庫　1993：pp.78-90

*17 小熊英二『単一民族神話の起源－〈日本人〉の自画像の系譜』新曜社　1995：p.383

*18 昭和15年7月26日閣議決定

*19 J. M. Roberts, The Penguin History of the World, Penguin Books 1995：p.802

*20 夏目漱石『三四郎』新潮文庫　1948：pp.20-21

*21 黒野　耐『大日本帝国の生存戦略』講談社選書メチエ　2004：pp.52-57

*22 内田、前掲脚注4　p.73

*23 ハンティントン、前掲脚注1　p.4

*24 黒野、前掲脚注21　p.62

*25 幣原喜重郎『外交五十年』中公文庫　1987、2007改版：pp.96-101

*26 篠原初枝『国際連盟−世界平和への夢と挫折』中公新書　2010：p.64

*27 『昭和天皇独白録』文春文庫　1995：p.25「日本の主張した人種平等案は列国の容認する処とならず、黄白の差別感は依然残存し加州移民拒否の如きは日本国民を憤慨させるに充分なものです。又青島還附を強いられたこと亦然りである。かかる国民的憤慨を背景として一度、軍が立ち上がった時、之を抑へることは容易な業ではない」。

*28 佐藤　優『日米開戦の真実−大川周明著『米英東亜侵略史』を読み解く』小学館　2006：p.44

*29 これを「価値外交をかざすウィルソンの民主党政権から、実際的な利害の調節を重視する講和党政権に移った時点でワシントン会議が開催され、日米のパートナーシップが構築されたことは、理解しやすいであろう」という五百旗頭真の「まとめ」には理解に苦しむ。五百旗頭真　編　『日米関係史』有斐閣ブックス　2008：pp.142-143

*30 The Influence of Sea Power upon History, 1600-1783. 日本では、アルフレッド・T・マハン『海上権力史論』として知られており、最近、原書房より北村謙一の訳で、2008年に新たに出版されました。

*31 佐藤、前掲脚注28　pp.58-59

*32 同上　p.64

*33 ジョン・アントワープ・マクマリー原著／アーサー・ウォルドロン編著（北岡伸一監訳・衣川宏訳）『平和はいかに失われたか』原書房　1997：p.28

*34 佐藤、前掲脚注28　pp.62-63　なぜフランスが入ったかは、大川の主張とは違い、単に米国上院の批准対策であったという。幣原、前掲脚注25　pp.66-67

*35 同上　p.62

*36 夏目漱石『それから』新潮文庫　1948：p.88

*37 幣原、前掲脚注25　p.94「この中国における門戸開放、機会均等主義というものは、中国の対外関係を律する一つの重要原則として、日英同盟条約以来、日本が常に主張してきた原則なのである」。

*38 朝河貫一『日本の禍機』講談社学術文庫　1987：p.50

*39 同上　pp.62-65

*40 同上　p.40

*41 同上　p.137

*42 マクマリー、前掲脚注33　p.104

＊43 同上　p.126
＊44 マクマリー、前掲脚注33　p.119　その原因はジョージ・ケナンによると「中国人に対するある種のセンチメンタリティー」にあるという。George F. Kennan, American Diplomacy, Expanded Edition（Chicago：University of Chicago Press, 1984）, p.53.（『アメリカ外交50年』近藤晋一・飯田藤次・有賀貞訳　岩波現代文庫　2000：p.78）
＊45 石原、前掲脚注16　pp.85-87
＊46 同上　pp.44-45
＊47 同上　p.86
＊48 同上　p.82
＊49 同上　p.44
＊50 同上　p.45
＊51 松本健一『大川周明』岩波現代文庫　2004：pp.350-373
＊52 佐藤、前掲脚注28　p.19
＊53 同上　pp.238-245 石原、前掲脚注16　p.43「アジアの西部地方に起こった人類の文明が東西両方に分かれて進み、数千年後に太平洋という世界最大の海を境にして今、顔を合わせたのです」。
＊54 村田良平『何処へ行くのか、この国は』ミネルヴァ書房　2010：p.8
＊55 内田、前掲脚注4　p.91　満洲事変発生の二ヶ月前に行われたアンケートの質問「満蒙に武力行使は正当なりや」に対して88％の東京帝国大学の学生が「然り」と回答していました。加藤洋子『それでも、日本人は「戦争」を選んだ』朝日出版社　2009：pp.260-263
＊56 石原、前掲脚注16　p.84
＊57 同上
＊58 ジョージ・オーウェル（高橋和久訳）『1984年』早川epi文庫　2009新訳版：p.56
＊59 江藤　淳『閉ざされた言語空間－占領軍の検閲と戦後日本』文春文庫　1994
＊60 瀬島龍三『大東亜戦争の実相』PHP文庫　2000：p.23
＊61 松本健一『近代アジア精神史の試み』岩波現代文庫　2008：pp.175-181
＊62 松本、前掲脚注51　pp.311-312

*63 同上 p.311

*64 朝日新聞、１９４１年12月13日朝刊一面、田中康二『本居宣長の大東亜戦争』ぺりかん社 2009：pp.9-10

*65 松本、前掲脚注51 p.316

*66 新井喜美夫『転進 瀬島龍三の「遺言」』講談社 2008：p.3

*67 同上 p.1「瀬島は生前ほとんど真実を語らずに逝ったといわれている。数冊ある瀬島の著書も淡々と事実を記しているだけで、肝心なことについては触れていないように感じる」。

*68 内田、前掲脚注4 p.56

*69 松本、前掲脚注61 p.184

*70 同上 pp.185-195

*71 鶴見俊輔、上野千鶴子、小熊英二『戦争が遺したもの—鶴見俊輔に戦後世代が聞く』新曜社 2004：p.328

*72 小川和也『大仏次郎の「大東亜戦争」』講談社現代新書 2009：pp.175-177

*73 武田徹『偽満州国論』中公文庫 2005：p.124

*74 同上 pp.127-129

*75 Radhabinod Pal, Dissentient Judgment of Justice Pal, Kokusho-Kankokai, Inc., Tokyo 1999.

*76 小松正之『世界クジラ戦争』PHP 研究所 2010

*77 江藤、前掲脚注59 p.264

*78 １９４５年12月15日連合国軍最高司令官総司令部参謀副官発第三号終戦連絡中央事務局経由日本政府に対する覚書、同上p.267に引用。「公文書ニ於テ『大東亜戦争』『八紘一宇』ナル用語乃至ソノ他ノ用語ニシテ日本語トシテノソノ意味ノ連想ガ国家神道、軍国主義、過激ナル国家主義ト切リ離シ得ザルモノハ之ヲ使用スルコトヲ禁止スル、而シテカカル用語ノ即刻低止ヲ命令ズル」。

*79 松本、前掲脚注51 p.313

*80 同上 pp.432, 437

*81 加藤典弘『敗戦後論』ちくま文庫 2005

*82 同上 p.51

*83 同上 p.56

＊84 同上　p.84
＊85 同上　p.12
＊86 同上　p.13
＊87 鶴見その他、前掲脚注71　pp.59,77,199,220,243,245
＊88 小川、前掲注72　pp.283-284
＊89 内田樹『ためらいの倫理学―戦争・性・物語』角川文庫　2003：p.70
＊90 加藤、前掲脚注81　p.13
＊91 村田、前掲注54　pp.3-4
＊92 加藤、前掲脚注81　p.79
＊93 深田祐介『大東亜会議の真実』PHP 新書　2004
＊94 東条英機「遺書」、東条由布子『祖父東条英機「一切語るなかれ」』文春文庫　増補改訂版　2000：p.140
＊95 石原、前掲脚注16　p.84
＊96 鈴木大拙著・上田閑照編『新編東洋的な見方』岩波文庫　1997：pp.10-11
＊97 Eisuke Suzuki, Reconfiguration of Authority and Control of the International Financial Architecture, in Mahnoush H. Arsanjani et al. (eds.), Looking to the Future: Essays on International Law in Honor of W. Michael Reisman　2010, Koninklijke Brill n.v., pp.271-297.
＊98 田中、前掲脚注64　p.14
＊99 鶴見その他、前掲脚注71　p.21
＊100 武田、前掲脚注73　p.117
＊101 古川尚宏『ガラパゴス化する日本』講談社現代新書　2010：p.122
＊102 内田、前掲脚注4　p.89
＊103 同上　p.97
＊104 鈴木大拙著・上田閑照編、前掲脚注96　p.14
＊105 同上　p.314

関西学院大学総合政策学部公開講座

「グローバル社会の国際政策」 第5回

日本のアジア外交

◆久保田哲夫

ギリシャ発ユーロ危機

こんばんは、久保田でございます。ここには総合政策学部の先生もいらっしゃいますが、そういう先生は「えっ、この題は？」と思っておられるかと実は思っているわけでございます。題を決めてくださいというときに、たまたま私どもの大学、学部で企画をしておりました講演会に五百旗頭《いおきべ》先生という防衛大学長ですが、その方をお招きしたいという話をしていたことがあって、その時の頭もあって「日本のアジア外交」という話になったわけですが、副題として「国際金融論の立場から」という、私の専門と言いつつ、最近ほかのことで忙しくて国際金融論の話も、実はもう少し勉強する時間がほしいという状況でありますけれども、その立場から少し気になっていることをここでお話ししてみたいと思ったわけでございます。

そうすると、今日のお話のうちの一つのテーマの専門家の方が聴衆の中におられまして、そういう専門の方が聞かれると「それは違うよ」という話が出てくるのではないか。あとで振って「これはどうですか」と聞かないといけないような状況の中で話をする。かなりストレスがかかっているわけでございます。

なぜ、日本のアジア外交の話をここでする気になったかというところからお話ししたいと思います。実はこれは決めてから後なのですが、『エコノミスト』でユーロの特集がありました。今ギリシャが大変なことになっております。実はこの話ですが、こういう話を少ししたいと思ったわけです。おかげで私は新しいデータを集めるのに、実はこれがだいぶ役に立ったということで非常に楽ができたわけです。

ヨーロッパ通貨統合というものが動き始めて、いっとき心配されたもののなんとか軌道に乗ってきました。と思ったときにギリシャで非常に大きな問題が起こって、今や崩壊するのではないかというような問題が出てきております。実は今から数年前、日本金融学会という学会で「アジア共通通貨について」というシンポジウムがあったのです。その時にあのころは東アジア共同体構想というようなこともあり、アジア共同体、要するにヨーロッパが一つになったようにアジアも一つにならなければいけないという話。それから同時にユーロというものができました。アジアもアジア共通通貨というものをつくらなければいけないのではないかというような話が急に出てきたのです。

その中で一つ、非常に違和感があったことがあるのです。これは実を言うと、この講演はテープ起こしをして原稿をつくろうという話になっているそうで、危険な話題をやるとあとで切らなければいけないのですけれども、ここから先の話はちょっと切ってもらわないといけない話になるかと思います。そういうところを切っていったら、何を話したのか残っていないということになりかねないのですが。

実はその時にある高名な、私どもにとっては先輩で、非常に学会あるいは官界でも名の知られた経済学者の方です。延々とこのヨーロッパの通貨統合の話をされて「こんなに難しいのだ、こんなに難しいのだ、こんなに難しいのだ」と言って、最後の最後に「アジア共通通貨を実現することを考えなければいけない」と言われたのですね。どうもアジア共通通貨に反対をしたらいけないような空気が一部に流れているのではないかというふうな気がしました。

日本という国は、特に一部のところでそういうかたちでこういうことを進めたいということになったときに、それに対する反対をさせないような、私どもはそうではございませんけれども、講演とかあるいは政府の審議会とか、何とかというようなことでやっている人たちは、それでお呼びがかからなくなったら困るわけですから、そういうかたちの自己規制があるのかなという、そんな心配まで少ししたわけでございます。そういう意味で、ヨーロッパ通貨統合という、あるいはEUの成立ですね。それがいかに大変であったかという話をして、アジア共通通貨あるいは共同体というものがそんなに簡単なものではないのですよ、ということをきっちりとお話をしておきたいというのが一点です。

それと、国際社会の構造が非常に変わってまいりました。私は総合政策入門という、うちの学部の1年生に対する授業で、毎年最初にやっておりますが、今や日本が非常にひどい状況になってきている。その中で中国が台頭してきて、別に中国が台頭して日本が低迷して悪いとは言いませんけれども、日本という国は自分たちを守るために発言しなければいけないときに、その発言が聞いてもらえないような状況になっては困るわけですが、下手をするとそういうことになりかねない状況になっておるということ。それと、つい最近までもめにもめましたけれども、日本とアメリカとの関係も今一つうまくいっていないということ。そういったことを頭において、日本の外交はこのままでいいのかということを、皆さんといっしょに少し考えてみたいということでございます。その中で先ほども申しましたように、国際金融論という視点から見るとこう見えるのですということ。政治学とか外交専門の方とはちょっと違う切り口で話ができれば幸いだと思っております。

アジア共通通貨構想

実は、アジアの協力関係というのは実は非常に今、進んできているのです。アジア通貨危機というのが1997年にありました。あれは非常に不幸な出来事でありましたけれども、それ以降、おかげでと言っていいのでしょうか、アジアの各国の間の経済面に関する協力関係というのは非常に進んできたということです。アジア通貨危機のときに、アジア通貨基金というものをつくろうという提言を日本がしました。これはつぶれました。つぶれたとは言っても、実はその後、ほんとうに地道な努力で、かたちとしてはアジア通貨基金ではないけれども、実質上はそれと同じことができるようなかたちで少しずつ仕組みをつくりあげているわけであります。そういうことに対して、私より詳しい方が聴衆の中にいらっしゃいますので、詳しい話を言われるのでしたら、そちらに振っていくというつもりで今日は来ております。日本金融学会というところで、耳学問で聞いている範囲でも、進んできたな、ということでございます。

ただ、アジア共通通貨構想ということ、ヨーロッパが通貨統合したのだからアジア共通通貨をつくろうという話、これはいろいろなレベルがあります。夢みたいな話から、かなり現実味を帯びた提言、現実味を帯びたと言っても空想であることにちがいないのですが、少なくとも実現化しようという力をもった人たちが発言するようなものもあります。ただ、アジア共通通貨とはいったい何かという、そこの部分があいまいなことは否定できないということは考えます。

東アジア共同体構想、これは鳩山首相がとある場所でこういう発言をしたのです。それは実は、せっかくつぶしたのを日本がわざわざ発言したということで、怒っている人もかなりいる。これはいったい何かと言いますと、要するに中国が提案をしてきました。その意図というのは実はアメリカはずしだということです。アメリカが怒って日本を巻き込んで、反対してつぶしたわけですが、それを鳩山首相がもういっぺん、自分のほうから出してきたということで、少しもめたことがあります。

これは提示した資料に書いてありますが、「なぜ東アジア共同体か」ということですね。仲良くするのはいいではないか、友愛とは何ですか、と聞いたら「ラブ」と言ったということですが、あれはラブではありません。フラタニティ（Fraternity）です。フラタニティとは何かと言えば、ご存じだと思います。あれは仲間愛です。仲間愛ということは仲間以外のものは知らないということです。ですから、この東アジア共同体では、誰を仲間にするかではなくて、誰を仲間にしないか。つまりフラタニティの対象にならない人たちが誰であるかということが大きな問題であるわけです。それを「仲良くすることはいいことだ」では、これは外交ではないということです。

ということで、環太平洋構想という話があります。これは要するに、太平洋を東と西で挟んでいる国々が、やはり太平洋を中心とした貿易をしていく中で仲良くやっていこうではないかという構想です。その意味で言えば、東アジア共同体はそういった構想とはまったく対峙するものです。そこで、一つだけここでお話をさせておいていただきたいのは「アジアとは何だろう」ということです。アジア共同体というと非常に簡単に聞こえるのですけれども、これは非常に大きな問題がある。なぜかというと、アジアというものが存在しているのかどうかということをまず考えなければいけないと思いますね。

アジアというのはヨーロッパでできた概念です。ですから、ヨーロッパではない、アフリカでもない、それをアジアとよんだわけです。もともとそういうものですから、その他大勢という意味です。その他大勢というのは共通点があるのか。ヨーロッパならヨーロッパにはキリスト教という一つの共通点があって、それなりの文化がある。だけれどもアジアはそうではないということですね。だからアジアというのはほんとうにあるのかどうか、それをまず私たちは考えていかなければいけません。「私たちはアジア人なのだから、アメリカ人よりはアジアのことはよくわかっている」と思っている人がいたら、それは大まちがいです。第二次世界大戦で日本が失敗したのはそこです。

私たちと同じ考え方をしている人はアジアにたくさんいると思っていますが、そうではないのです。日本人とは考え方も文化も哲学も何もかも違う人たちがいる。それは私たちがアメリカ人を見て違和感を感じるのと変わりません。それが同じアジアという言葉でごまかされてしまうのです。ですから、その意味で「アジアとは何か」ということを考えたときに、東アジア共同体というようなかたちで、すっと簡単に議論してはまずい面があるだろう、ということは考えていただきたいと思います。

ただし、実はすでにアジア外交という場合に、ここは非常に大きな問題なのですが、経済と政治がまったく相反しているということですね。政治的にはいろいろな対立があるにもかかわらず、経済面ではもはやどうしようもないくらいに絡み合っているということです。どんなに嫌っていても、別れられない夫婦みたいなものです。別れたら途端に生きていけなくなるという状況になってしまっているのです。夫婦げんかをするときには気をつけましょう。明日から食っていけないかもしれませんよ、というお話です。

実はここで「アジア諸国間の貿易の増大と複雑化」が問題です。複雑化とは何かと言いますと、一つの製品をつくる際に、部品をつくるところから組み立てまでさまざまな工程があります。そのさまざまな工程の中には、非常に高度であって高度な労働力がなければいけないものもあれば、要するに誰でもできるような単純作業もある。単純作業は賃金が安いこの国で、その次の工程のもう少し高度な技術が必要なところはこの国で、というかたちで違う国で行う。完成になるまでに何回も何回も、国境をわたるというようなことが今、起こっているのです。そうするとどうなるか。為替レートが変わって、それぞれの国でどの国でやったら一番安くつくか、というのが時々刻々と変わっているようでは、実はもう、企業はやりにくくて仕方がないわけです。

ですから、少なくとも為替レートの変動というものはないほうがいい。これがあっては動きがとれないような状況になりつつあるわけです。その意味では、アジア共通通貨というのがあれば、それはできれば、あるにこしたことはないということは確かです。ただ「ＡＳＥＡＮ＋３の共通通貨」と「ＡＳＥＡＮ諸国間の共通通貨」

という言い方をしますが、ユーロの場合には、そういう二つを分けることは意味がなかったのですが、アジアの場合はこれはかなり意味があることだと思います。

つまりアジア共通通貨という場合に、中国・韓国・日本を含めて、ＡＳＥＡＮも全部含めたかたちで共通通貨をつくろうとすれば、これは無理です。はっきり申し上げますが、これは無理です。だけれども、たとえばＡＳＥＡＮ諸国間が今ほとんど、アジア通貨危機のころもそうでしたが、ドルとペッグしている。ドルとくっついているわけです。それがいろいろ大きな問題のもとになったわけですが、円とドルと元の「バスケット」と私たちは申しますが、たとえば1ドルと１００円と10元が入ったような通貨の組み合わせを考える。これにそれぞれの国が為替レートを固定する。そうすると必然的にそれぞれのＡＳＥＡＮ国の通貨同士が固定されますし、それを共通通貨にすることは、それはやろうと思ったらそれほど難しくないのかと思います。どこにも提言したことはありませんが、私なんかはそちらのほうは考えてもいいのではないかと思っておりま す。ですから、アジア共通通貨という場合に、ＡＳＥＡＮ＋3と考えるのか、ＡＳＥＡＮ諸国でもう少し考えてみるというのは、かなりレベルの違う話ではないかと思っております。

なぜアジアの共通通貨かということですが、今さっき申しましたように、ユーロを頭に入れて私も考えるわけです。ユーロを、ヨーロッパのＥＵの国と考えて比較すれば、アジアというのは、ほんとうに多様です。先進国から開発途上国まであります。しかも山積みになっている外交上の課題は、何がと申しませんが、いろいろなところでもめております。先ほども申しましたように、経済面と政治面ではかなりの温度差があるという状況です。その点で少しユーロを、ヨーロッパの協力関係を追ってみることでアジアの難しさを考えてみたいと思います。

もう一つは先ほども申しましたように、東アジア共同体か、環太平洋構想か。これはひと言で申し上げますと、アメリカをどう考えるかということですね。それからオーストラリア等々との関係、これはやはり真剣にとらえなければいけないということであります。

アジア文化の多様性

先ほど申したことに少し追加しておきます。「なぜアジアなのか。文化の多様性」について。実はインドネシアの国是は「多様性の中の統一（Bhinneka Tunggal Ika）」と言いますが、要するにインドネシアの中でも文化が多様なのです。多様性の中の統一と言っているのは、実はそうでも言わないといつもケンカになるからです。独立運動がいろいろ起こっているし。なぜインドネシアは「インドネシア」なのか。あれだけ違うものがなぜ一つの国になっているのか。理由は一つしかありません。オランダの植民地であったということです。だから、対オランダの独立戦争をいっしょに戦ったこと、それが彼らの唯一の共通点です。あれがなかったら、たぶんインドネシアという国もない。アジアにはそういう国が多いのですね。

ですから、先ほども申しましたように「同じアジア人」という幻想はもたないほうがいい。特に日本では、この前の戦争で、フィリピンでかなり悲惨なことになっています。あれはフィリピンという国をぜんぜん理解していなかったからで、あそこはカトリックの国です。プラス、フィリピンの土着の思想があるわけです。それをぜんぜん理解していかなかったためにかなりの面でコミュニケーションの混乱があったということです。

一つ、フィリピンの例を出した理由は、日本がフィリピンに行ってアメリカ軍を追いだしたとき、フィリピンの人たちは独立戦争を戦っていた相手であるにもかかわらず、アメリカ兵に対して花を手向けたり、水を飲ませたりして、その意味で言えば、その後、日本が出ていったときに石でもって追われた、あるいは場合によっては殺されたりしたのとはかなり違う待遇を受けているわけです。つまりフィリピンの人にとっては、アメリカ人のほうが日本人よりも自分たちの心を知ってくれた相手だったということです。

それともう一つ、中国のアジア観です。中国は先ほどものすごく力をもつようになってきたというお話をしましたが、やはり今でも中華思想というものは残っております。どうしても自分たちが中心で周りの国を指導するのだと。周りはバーバリアンだ、私たちは東えびすですが、その感覚が残っている。それで、ＡＳＥＡＮの人たちは非常に警戒心をもっているのです。ただし、警戒心はもっていますが、先ほども言ったように、経済的にはもう完全に中国なしでは動かないような状況もあるということです。そのような中でＡＳＥＡＮの人たちの、中国に支配されないように日本がもうちょっとがんばってほしいという期待については、やはり私どもは真剣にとらえていかなければいけません。そこに問題があるのではないかと思っています。

私の指導していた大学院生に台湾の人と結婚して今、台湾で先生をやっている人がいまして、台湾問題を博士論文でやっていたわけです。南北朝鮮問題、それから海峡問題と通常言うわけですが、台湾の問題、これははっきり言って、これから先、もし何か戦争みたいなものが起こるとすれば、ここだということですね。事実、戦争直前という事態までは、私のこの数十年の人生の中でも何回かあったわけですね。ちなみに私は戦後生まれですけれども、海峡問題で何回も戦争になりかけたことがありますね。その時なぜ、台湾がまだあるかという話です。国際法の立場からいうと台湾という国は、これははっきり言って存在できない国です。それなのにまだ残っているということは、これはたったひと言、アメリカがいるからだということしかないわけです。ですから、はっきり言ってアメリカが「台湾を無視する」と言ったら、もうすぐにでも大変なことが起こる。事実、起こりかけたわけです。

アジア通貨危機のときに、先ほど申しましたように、日本は「アジア通貨基金をつくろう」ということで、アジアの問題を私たちが協力して解決する。そのためには皆お金を出し合って基金をつくり、そして困った国にお金を貸し出すことをやろうとしたわけです。その時、アメリカと中国が両方からつぶしたのです。ただ、当時とはだいぶ事情が変わっているということを少し考えておく必要があろうかと思います。それは一つは「増大する中国のプレゼンス」と「アメリカの対中外交」の問題です。

先ほど、アジア通貨危機後のアジア協力というシンポジウムの話をしました。そのシンポジウムである方が話をされたこと、要するにアメリカは、中国に対して力が強くなっているという点で危機感を感じている。日本や中国のどちらかがヘゲモニーを握ることは絶対に許さないと。中国はアメリカがそろそろ牙をむいてくる。これ以上、中国がプレゼンスを高めたら牙をむいてくるであろうという、そういう危機感はもっているということです。

日本のアジア外交の課題

実はこの20年間、日本という国はプレゼンスを低下させてきたわけです。前々回に、ここに西本先生という方が話をされたと思いますが、西本先生がしょっちゅう言われることは「国連の中で日本という国の存在がだんだんなくなってきているのだ」ということです。西本先生もそうですが、国連の中で日本人職員でトップランクの方がどんどん減っているのです。今一人だけですかね。東京のUNハウスから移られた方が一人で、たしかあとはいなくなったのですね。実はうちにはそういう先生がたくさんいるのですけれども、西本先生もそうです。それからいま、客員教授で来ていただいている和氣先生はＵＮＦＰＡの元事務局次長をやってお られた方ですが、そういうレベルの方がどんどん減ってきているということです。それは経済力の低下と合っ ているということですね。

データ的に申しますと、今や先進国16位、17位あたりをうろついております。いっとき世界3位、豊かさと いう意味では世界3位までいっていたものが、ここ20年のこの低迷の中で、特に最近ガタッと落ちて、今や16 位、17位。はっきり言いまして、そのうちアルゼンチンになるといわれている状況です。

この前まで、ジャパンバッシング（Japan bashing）、ジャパンパッシング（Japan passing）、ジャパンナッ シング（Japan nothing）というのがありましたけれども、ジャパンディッシング（Japan dissing）と最近言 われているそうです。ディッシュは軽蔑するという意味です。ですから、ジャパンバッシングというのは日本 ががんばって目立つからバッシングされるので、それはバッシングされるところまできたかということなので す。それがパッシングになり、ナッシングで日本なんてあったかということになり、今や軽蔑されています。 誰のせいか知りませんけれども。

ナッシングとディッシングとどちらがいいのかという話がないことはないのです。ふられた女の人に忘れら れているよりも軽蔑されているほうがましだ。まだ覚えてもらっているだけ良いという説もあるのです。で も、ナッシングはゼロで、ディッシングはマイナスですからね。今そんな状況になっているということです。

先ほど申しました、私の思いは要するに、日本国政府は日本の国民を守る義務がある。それを守るときに、 これだけ国際化している中で、ほかの国との交渉の中でやはり日本が発言をして「これこれこうしてもらわな ければ困る」ということがあるはずです。その時に聞いてもらえるという、そういう立場をつくっておくことは絶対に必要なのに、それがだんだん、だんだんとその基盤がなくなってきつつある、経済的な側面からですね。ということがちょっと気になっていることです。

実は、先ほど申しましたように、アメリカと中国に今、挟まれていますが、これは非常に都合がいいことなのです。つまり、どちらも過半数をとれない国会で、ほんの少数の党なのだけれども、その党がどちらかに着くかで政権が移るようなときには、非常に力があるわけです、その第三極というものは。今の日本というのはそういう立場です。

ですから、アメリカと中国の間に立って、自分の言いたいことを通せるわけです。アメリカも日本がないとうまくいきません。中国も日本がないとうまいことといかないのです。日本の取り合いということになるわけです。日本というものがそれほど大きくなくても、今の立場だと必然的にそういう立場になってくる。それを利用しない手はないと思っております。そのためには金がなくなっていますから、やはり今の国連大使である高須大使が関学に来たときに講演されたように、やはり私たちは知恵を出す努力をしなくてはいけません。ついでにインテリジェンス、これはいわゆる諜報、俗な言葉でいうスパイですが、要するに情報を集めて、各国の動きを押さえながら自分たちは罠にかからないようにうまくやってくことは必要であろうということで、これが日本の課題ではないのかなと考えているしだいであります。

ヨーロッパ通貨統合の教訓

これが本論で、あと二つそれにつけ加えます。一つは要するに、ヨーロッパの今の通貨等でもめているとお話をしましたが、なぜもめているのか。要するに、アジア共通通貨なんてそんなもの無理ですということの証明をしたいと思っています。ですから、ここからの話はヨーロッパ通貨統合の教訓です。ヨーロッパ通貨統合の意図ですが、これはもちろん共通の経済政策をやるということでやっているわけですが、なぜ統合することが困難なのかというと、結局、お金が一つになってしまうと、それぞれの国が勝手な金融政策ができないということですね。ですから、片一方に不況の国があって片一方に景気が過熱している国があったときに、ではどちらに合わせるのですかというお話です。不況の国があるから金融緩和しましょうと言ったら、過熱する国は困るわけです。もっとインフレになります。こちら側は過熱ぎみなのだから金融を控えてくれと一方は言う。他方はうちのところはもう失業で、これ以上失業が出たら国として成り立っていかないと主張する、というお話です。

第二次世界大戦後、おおむね経済の安定は国の義務であるということは定着しました。だから経済政策で失敗したら、首相の首が飛ぶ。戦前はそういうことはなかったのです。戦前はそんなことは政府が何かできるとは思っていませんでした。ですから、アメリカで戦後、完全雇用を維持するのは国の役目で、そのためには毎年、大統領が経済報告を出せという法律が通って、それ以降「うちの国は、今こんな状況で一所懸命、政府はがんばっています」と言わなければいけなくなりました。そのような中で通貨統合をした場合に、各国は自国の雇用を守るということが果たしてできるのかということです。

「統合への努力」ということですが、これは簡単にできることではなかったのですね。実は通貨統合には参加基準があります。ちなみにご存じの方も多いと思いますが、日本はその基準に照らすと不合格です。今の日本がヨーロッパにあったとして、ヨーロッパの通貨統合に参加したいと言ったら、だめと言われます。もうこれは基準をはるかに下回ります。それだけやったのにもかかわらず、審査を通過したはずのギリシャで危機が発生して、今どうしようもない状況になってきているということです。ずるがあったようで粉飾決算ということだそうです。

実はヨーロッパ通貨統合といいますが、ものすごく長い前史があるのです。ほんとうは第二次世界大戦前からあるのですが、それはただ単なる理想的な発言であって、むしろ深刻なかたちで議論されたのは戦後です。特にやはりチャーチルが言ったのが一番有名ですが「このままではソ連とアメリカの間に挟まってヨーロッパは発言権を無くす。国際社会で何も言えなくなる。そうならないためにはヨーロッパを統合しなければいけないのだ」ということです。それが、ですから、何年かかったのですかということですね。50年以上かかって、ようやく達成できたものだということを知っておいていただきたいのです。その統合の一つの象徴として、通貨統合というものがあるのだということです。

戦後の経済協力体制の歩み

年表をいちいち読んでいたら切りがないですから、要するに「1947年、ずいぶん昔ですね」とか、そのレベルで見ていただければいいわけです。そのころから、いろいろなかたちで少しずつ協力をしてきて、そして一つ大きかったのはECの発足です。ECとかECSCとか、さまざまな協力の体制を一つに合わせて、ヨーロッパ共同体というのができました。これがかなり大きな協力の動きです。それがEUとなった。これがマーストリヒト条約という条約で成立したわけですが、合意したのが1991年。発効するまでに2年ほどかかっております。その時に通貨統合の道筋ができて、それまでもECUという共通通貨があったのですが、それをユーロというかたちにした。ECUのときは各国の通貨と共存していたわけですが、その各国の通貨を無くしてユーロにするというかたちになったわけであります。

実はこれは非常に不幸な出来事でした。マーストリヒト条約ができたときに、私ども、金融の専門家の人たちといろいろ話をしました。その時にこれは成功するかどうか。つまり決まったけれども、できるかどうかということでずいぶん議論しました。1970年にいっぺん報告書を出しているのです。ウェルナー報告というものですが、そこで共通通貨をつくろうということをやったのです。それは失敗しました。それはその直後に実はアメリカの大きな、いわゆるニクソンショックといわれるショックがあって、それどころではなくなったということです。ですから、2度目の挑戦なのですが、実はこのとき、たまたまタイミングが悪かったのです。なぜかというと東西冷戦が終了して、ベルリンの壁が崩壊して、東西ドイツが統合したのです。これが大変なことだったのですね。なぜかというと、結局これが統合に、大混乱を引き起こしたのです。

ついでに「統合と分裂のヨーロッパ」ということに触れておきたいと思いますが、これは要するに、あのころ地図業者が困ったという話をちょっとします。毎年毎年、地図が変わるものですから、『ニューズウィーク』かどこかで「また地図業者が一人飛び込んだ」といって、飛び込み自殺をしている漫画があって、そういうキャプションがあったりしました。

うちも大変だったのですよ。入学試験で地理の問題で「この地図は何年何月何日現在のものである」という注意書きが下に書いてあるのです。試験の当日までに変わるかもしれないということを地理の先生方がずいぶんそれを気にされていました。

結局、国家の枠組みが弱くなったら、文化というかたちでそれぞれのエスニシティの人たちがまとまっていくというかたちで分裂するのと、経済というのは広ければ広いほど便利なので統合の動きが出てくるのです。

分裂と統合という二つの動きが生じてきたということですが、そこへ東西マルクの統一問題というのが生じたのです。つまり、東ドイツを西ドイツに吸収したわけです。問題はその時の吸収の仕方なのです。これは政治と経済というのは常に問題になりますが、要するに、政治的には「こうしなければしかたがない」と、経済的にみたら許されないようなことをやるわけです。

このときに何をやったかというと、東ドイツの人たちの賃金が西ドイツの人たちと比べて非常に低くなるとやはり問題であろうということで、実際には、闇値で東ドイツマルクは西ドイツマルクの4分の1ぐらいの値打ちしかなかったものを1対1で交換したのです。東ドイツマルクが一挙に値段が4倍になったのに等しい。しかもなおかつ、給与の差が残ったわけですが、その給与の差はできるかぎり短い間に収束させるということをやったのです。これはとんでもないことです。私たち経済学者からみたら、政治的には必要かもしれないけれども、そんなことをやったら経済はもたないということです。なぜか。東ドイツの企業が、すべていっぺんに給料が4倍になるわけですよ。そんなものが成り立つはずがないわけです。今の日本の企業が「はい、皆さん方、全部給料4倍払ってくださいね」と言われたら、どのぐらいの企業が倒産しますか。東ドイツの企業はこのときに、3分の2ぐらい倒産してます。まともに成り立つはずがないのです。

その結果、何をやったか。援助せざるをえませんよね。失業者がたくさん出ています。それに対して生活費の社会保障をしなければなりません。それから就職のための訓練所をつくってそこに失業した人を集めて職業訓練をする。ものすごい財政赤字だったのです。それで金融を引き締めた。なぜか。そんな巨大な財政赤字をやっていたらインフレになります。インフレにならないようにするには引締めなければいけないというお話でございます。

通貨危機の発生

その当時のヨーロッパのシステムを少しお話しますが、細かいことは飛ばして、要するに「域内固定制」という、それだけ覚えていただければけっこうです。つまりあの当時、円とかドルに対しては変動相場制を採っていましたが、ＥＣ域内では固定相場制を採っていたのです。そうでなければ動かないということで、域内ではそれぞれの通貨を固定していたのですが、ドイツが金利を引き上げたために、もし固定相場制を維持しようと思ったらほかの国も金利を上げないとしょうがないという状況になったときに、イギリスとイタリアが脱落したのです。

今これだけ失業が出ている中で、これ以上、金利を引き上げて失業者が増えたら、うちの国は暴動が起こると。それで結局、何をやったか。イギリス、イタリアの脱落というのは何かというと、金利を引き上げる代わりに変動相場制、つまり固定相場制をやめますということをやったわけです。このことですが、実はここですでに問題が出ているわけです。いったい何が問題かと言いますと、西ドイツは自国が金利を引き上げたら、もう絶対にほかの国がついていけないということはわかっているわけです。それなのにやったわけですね。つまり、国内市場を国際的な面よりも優先した。もしここで、やはりヨーロッパは統一しなければならない。ユーロをつくらなければいけない。だから、ほかの国がついていけないような金融政策をとるのはやめようというのだったら、たぶん今はもうちょっとましになっているでしょう。

だけれどもこのとき、はっきりとドイツは、要するに国内事情のほうを優先するということをやったわけです。それはなぜかというと皆さん方はご存じだと思いますけれども、ドイツという国は世界で一番インフレに対して厳しい中央銀行といわれてますが、それは第一次世界大戦後にめちゃくちゃなインフレをやったからです。ですから、自分たちがインフレを絶対したくないということを優先したわけです。このときに各国が協力をしてやっていこうということがつぶれたわけです。私ははっきりと、この時点で終わったと実は思いました。またこの通貨統合は終わりと思ったのですが、そうはならなかったところが不思議なところです。

要するに通貨統合の問題点とは何か。通貨統合による金融政策の一元化というのは、先ほども申しましたように、各国の景気の状況が違った場合、金融政策では調整しようがないから、各国の財政政策でやらなければいけないのですが、それはちょっと限界があるということです。ブレトン・ウッズ体制、戦後の固定相場制はなぜ崩壊したかというと実はそこにあるわけです。対内均衡優先のマクロ経済政策、要するに、景気対策、完全雇用ということを優先しようとしたら、レートを固定しているわけにはいかなかったということです。

でも、対外均衡と対内均衡とどちらを優先すると言っても、対外均衡を無視しているのも長続きするはずがありません。つまり、国際収支の赤字というのは、外国にモノを売るよりたくさん買っているということですから、どんどん外国にお金が出ていくわけです。これはなくなったら終わりですから、いつまでも続くはずがない。だから対外均衡というのは、求めるとか、何とかではなくて、むしろもう与件ではないのか、という話です。

ちなみにここで、あとでも絡んできますから、一つぐらい難しいことを言っても大丈夫かなと入れています。わりと国際金融でよく使われる図について説明します。つまり独自の金融政策、自由な資本移動、固定相場制という三つのものは同時には達成できないという、これはクルーグマンがたぶん最初に書いたと思うのですが。要するに、独自の金融政策と資本移動の自由を追求したら、為替レートは固定にはしておれなくて、仕方がないから変動相場制になるということです。また、独自の金融政策を追求し、しかも固定相場制を維持しようと思ったら資本移動、要するに外国とのお金の貸し借りを規制せざるをえないということです。これはアジア通貨基金のときにマレーシアがそれをやって、ずいぶんアメリカから文句を言われたのですが、でもそれでうまくいったというので、アメリカとしてはマレーシアがちょっと気に食わないところですね。

それから資本の移動の自由と固定為替相場という、先ほども言った通貨統合ですが、そうしたら独自の金融政策というものは放棄せざるをえないのですよ、ということです。この図はそういう意味ではわりとわかりやすい図だということで挙げておきました。

ともあれ結局、一つの通貨でその経済が成り立っていくという、マンデルという人が「最適通貨圏の理論」という有名な短い論文ですが、たぶん引用された回数が一番多いのではないかと思う論文ですけれども、その中で言っています。結局、同じような経済でなければ、何か攪乱《かくらん》要因が起こったときにはそれぞれの国で違いが起こるわけです。そうした場合に、たとえば一国は非常に景気がいい、一国は逆に不況だということが起こったときに、やはり問題が起こるのですね。固定相場制度のもとでは、国際収支の不均衡というかたちで表れます。変動相場制だったら、その二つで為替制度が変わるからそこで調整が可能です。ただ、マンデルが言っているのは、労働の移動性があるというのです。

だから、労働が移動する範囲では、不況の国から好況の国に人が動いていってそれで調整されるから、労働の移動性がある範囲は一つの通貨でもかまわないということです。実はそれには問題があるわけです。なぜ東京とほかの地域で過密・過疎が起こっているのかということです。これは労働の移動性があるからです。だから労働の移動性があれば、一つの通貨で大丈夫というのは、実はそうではないのです。どういうことかというと、たとえばギリシャで非常に景気が悪い。ドイツで景気がいい。皆ドイツに行ったらどうしますか。ギリシャという国はあるけれども国民は一人もいないということになりますね。それはやはり困るわけです。

結局、一つの通貨圏をつくろうと思えば、経済状況を収斂《しゅうれん》させるか。つまり皆が同じような経済状況になるようにうまくもっていくか。それとも弱い国に援助するか。日本でやっていますでしょ。過疎地域の特別対策、あれと同じことをやらなければ、一つの通貨圏は成り立っていかないのです。それがポイントです。経済収斂基準について、ついでに言っておきましょう。物価の安定とか金利や財政赤字に関する制約です。年間財政赤字の対名目GDP比が3％を超えないこと。それから政府債務残高が名目GDP比60％以内であること。どちらも日本はクリアしておりません。先ほど申し上げましたとおりです。こういうふうなさまざまな基準を設けて、一つの通貨にしたときに問題が起こらないようにしようとしたわけです。

通貨統合への三段階

実は、三段階で実現しようということで1990年7月から努力を始めて、第三段階で単一通貨を導入しようということなのですが、これが面白いのです。最善のシナリオとして、基準をみな満たしたらその時点で通貨統合しましょう、というのがあります。

もう一つは、1996年12月31日までに過半数の加盟国が基準を満たしたという場合には、その段階で第三段階、通貨統合をしましょう。それもできなかった場合、1999年1月1日より条件を満たした国だけでやろうということになって、何が言いたいかというと、結局この3番になったわけです。ということは結局、この基準をクリアするのはかなり難しかったということです。皆さん方はご存じだと思いますが、かなりごまかしをやっています。最後の最後で、たとえばある国は政府の財産である何かを売り払って、それを収入にしてようやくさっきの基準をクリアして、ということをやったりしました。その年だけはできますが、次の年からはできないことです。そういうかたちでいくつかの国がかなり無理をして、つじつま合わせをしてできあがったのがこの通貨統合なのです。

それでユーロが発足しました。２００２年には銀行券とコインができました。ついでに申し上げますが、実はここでいくつかまずいことがありました。何かというと、一つはユーロという名前そのものです。その前のＥＣＵというのは、European Currency Unitという名前の頭文字をとったのです。その時に「ＥＣＵは、昔フランスで使われていた単位ですよね。だから馴染みもあるし、いいんじゃないの」ということで決まったはずなのです。ところがそれが問題になったのです。ＥＣＵというのは昔フランスが使っていた通貨単位だ。それを新しい通貨名にするのはいかがなものかということでユーロに変わったのです。ちなみにＥＣＵの記念コインがあります。１回だけ記念コインが出るわけです。あれが歴史上残る唯一のＥＣＵコインということになります。結局、ＥＣＵは消えてユーロになりました。

ユーロを使われた方はご存じかと思いますが、コインは片面が共通、もう一面はそれぞれの国で模様が違っています。それぞれの国のさまざまな歴史を反映したデザインが使われています。銀行券もそうなる予定であったらしいのですが、やはりいかがなものかということで、結局、まとまって同じものになりました。どこの国が発行したかはわかります。番号を見れば、どこの国が発行したかわかるようになっているわけですが、表面上はわかりません。しかも橋と建物が描かれていますが、それがどこにもないものなのです。それはどこかのものを使ったら、その国に対して、ほかの国が腹を立てるだろうということで、どこにもないのです。何々様式ということだけで、どこにもないものを描いたということです。はっきり申し上げます。要するにまだ、国というものがあって、あの国のものがＥＵ共通の銀行券のデザインに使われるなんてけしからんという思いがあるわけです。それでは通貨統合なんてほんとうはできないのに、というのが私の言い分ですが、そういう話であります。

ギリシャ問題

ユーロが第二の国際通貨になってから、対ドル変動がいろいろありました。いっとき、やはりいけないというかたちで落ち込んだのに、その後かなり盛り返した「すごい、いつの間にこんなに高くなったのか」と思っていたら今、実は非常に大きくもめています。それは要するに、２００９年10月、ギリシャ新政権が前政権の財政赤字の粉飾を暴露して、大変な状況になっています。ＥＵとＩＭＦの支援の発表があって、何とかしないとユーロがつぶれますから、今、大変な状況にあるわけですが、はっきり言いますと、ギリシャはだめでしょう。次はどこかという議論すら出ています。特にスペインです。ギリシャはそれほど大きくありませんが、スペインとなるとＥＵの中でのＧＤＰのシェアで言ったらこれは10％ぐらいですか。ですから、けっこうきつい。

問題は何か。財政規律の欠如です。つまり、先ほどの参加基準での財政規律をその後、守らせるための仕組みは、あることはあるのですが機能していません。なぜか。ドイツとフランスが満たせなくて、罰金を払わなくてはいけないのに払わずにすんでいるという問題もあるからです。

ということで結論。ヨーロッパという、文化的にはキリスト教という基盤の上に乗って、ほぼ思想的にも共通部分が多くて、しかもなおかつ、経済的にもアジアと比べて、はるかに格差の少ないところですらできなかったものが、いったいなぜアジアでできるのだ、ということであります。先ほど言ったことをもういっぺん思い出していただく必要があるわけですが、要するに、各国の経済事情の相違というのは大きいのですよ。そうしたらアジア共通通貨はできるわけがないですね。それから同朋意識です。ここにも出てきますが「なんであんなさぼりのギリシャを助けなければいけないのか」「あいつら、まともに働いていないのに、なんでおれたちが一所懸命働いた金を税金でとって、その税金を使うのだ」という声がありますという報道がなされているわけです。アジアでそういう同朋意識がありうるかどうか。私たち日本人が一所懸命稼いで、高い税金を取られて、その税金がなんでどこそこの国の援助に使われているのか、ということになったらどうなるのかということです。

欧州通貨統合のアジアへの教訓

そこで、アジアの1997年の問題を少しふり返ってみたい。なぜかというと、これはあのとき、日本がどういうことをして、その結果、どういう評価を得たかです。それはけっこう、大きな意味があると思うのです。それは私どもがこれから対アジア外交というものを考える際に、非常に大きなポイントになろうかと思います。日本の外交というのは、なかなか難しい部分があって、いくつかお話をしたかったのですが、一つははっきり言います。国際社会で生きていくためには下品にならなければいけないということです。要するに、自分たちの主張をはっきり主張しなければ、誰も相手のことを慮ってくれないのです。これだけやったのだから相手は自分たちのことを考えてくれるだろうと思っていたら、甘いのですということです。そうすると「私はこう思っているのだ」となって、やはり下品ですよね。

それで、妥協ということですけれども、言いたいことを言ったうえで落としどころを探るということが妥協なのですが、日本人というのは言うことを言わないで「これだけ引いたのだから相手も引いてくれないか」と考えるのが妥協だと思っているが、そうではないということです。私としては、だからほんとうは国際化したくない。だけれども、しなければしようがないわけですから、その時にはできるかぎり下品にならないように、しかし下品にならなければならないときにはなりましょうということです。それは自分のためではなくて、やはり国民を守るために政治家はちゃんとやってほしい。

その時にやはり、日本はきちっとしているという評価を得るためには理念というものは要るのでしょう。しかし、同時に現実対応への柔軟性も要るだろうということです。一つFTA問題をここに出す理由は何かと言いますと、実はこのFTAというのはいくつかの国で集まって、貿易をもっと自由化しましょうということです。これは実は戦後の国際貿易の体系ではしてはいけないという、そういうことはしないでおこうということが決まっていたのです。ところが自由化がなかなか進みません。その時にできることからやったらいいではないか。だからこの国とこの国で自由貿易協定をやりましょうというふうなかたちで、各国はやってきたのです。

ですけれども、日本は、それはやはり本来のGATTの趣旨に反すると。ゆるぎない理念と言えば、ゆるぎない理念ですが、かなり遅れたのですね。ところが周りが皆やり始めて、下手をするとこのままでは日本だけが取り残されて不利な立場になるかもしれないのです。あわてて2002年、シンガポールとやり始めたのが最初ですが、かなり遅れたわけです。その間に中国なんかは、ASEANと自由貿易協定を、FTAをつないで、ＡＳＥＡＮに対する影響力をものすごく強くもつようになっているというような状況です。はっきり申し上げて少し遅いです。世界の流れから遅れているところをちょっと見ておいてください。

アジア通貨危機と日本

アジア通貨危機と日本の問題ですが、実は基本的に大きな問題となっているのはアメリカのアジア観です。結局、世の中、理想と現実というのはなかなかうまくいかない部分がありますが「開発独裁の問題」ですね。独裁国が発展しているということです。だいたい見ていただいたらアジアで発展している国というのは独裁者が現れて、その独裁者が何とか経済開発をするということで、皆自分の生活がよくなっているということを自分の政権のよりどころにしたわけです。独裁ですから、一応はさっささと物事が決まっていくので、それがうまく当たれば経済成長する。そして経済成長した結果、中間層、知識層が拡充してきて、その知識層が結局、そういう独裁に対する批判をするようになって、独裁政権がつぶれるというのがだいたいのパターンです。インドネシアしかり、韓国しかり、台湾もそうです。

そういう意味で、開発独裁の問題ですね。アメリカにとってみれば、民主主義を世界に広げたいと思っている国ですから、独裁国が発展するということはあってはいけないことなのです。彼らにとってはそれは認めたくないわけです。もう一つはネポティズム（nepotism）です。ネポティズムと言ったら、えこひいきですけれども、家族が助け合っていると言えば、助け合っています。儒教で言えば、親族の面倒をみるのが当たり前ということですが、文化の違いもいろいろあるわけです。そういう意味ではアメリカのアジア観というのは「あそこが発展しているのは気に食わない。なぜかうまくいっているのが気に食わない」ということです。

アジア通貨危機のときに、いったい何が問題になったかと言えば「だから言った。アジアはやはりだめなのだ」というアメリカと、「いや、そうではない」という日本との対立であったということです。ここで「アジア通貨危機と日米の対立」ということですが、「通貨危機理解の相違と路線の対立」ということです。つまり、このアジア通貨危機とはどういうふうな症状なのか。診断が正しくなければ正しい処方箋は出てきません。その診断のところで真っ二つに割れたわけです。アメリカとケンカになったわけですけれども、その時のケンカがどういうものであったかということを少しまとめていきたいと思うわけです。

その時に日本とアメリカがケンカしたら、だいたい日本は引くわけで、日本は引いたわけですが、それでもけっこう努力をしています。正直その時の努力によって、アジア各国はそういう意味で日本に対して感謝をしている。表立って評価を出してくれた国もありますし、その意味では非常に良かったわけです。今から考えるとアジア通貨危機とは何であったかという、これが大事です。「問われる日本の外交姿勢」。つまりあのときに、なぜ日本は自分たちの意見を通せなかったのかという、そこの部分を少し考えてほしいということです。

いったい何が問題かというと、「ファンダメンタルズ説」と「パニック説」の二つの対立なのです。ファンダメンタルズ説というのは「それ見ろ、アジアの各国はやはり根本的に問題をもっているのです。だから通貨危機が起こったのだ」というものです。それに対して「ほんとうは根本的には問題はないのです。パニックが起こったから、皆「ワアーッ」と言っただけで、このパニックが収まればそれほど大きな問題なく終わるのだから、ともあれ、このパニックを止めるようなかたちで政策を打つべきなのだ」ということがパニック説です。前者がアメリカで後者が日本だというふうにお考えいただければけっこうかと思います。危機が起こったときに、日本はパニック説で各国に声をかけて、ともあれ、まず資金を集めてこのパニックを乗り切りましょうと。

このパニックを乗り切ったら、それでいいのだということであったわけであります。

タイの通貨危機発生と伝染したインドネシア

アジア通貨危機はまずタイバーツの破綻から始まったのです。1997年7月2日に結局、タイが自分のバーツを守れなくて変動相場制にいったわけですが、要するに、タイという国が非常に伸びているというかたちで外国からものすごい資金が集まっていたのが、1995年ごろから逆転して、どうも危ないみたいだということで引き揚げにかかったのです。学生に「あいつ、よく勉強できるから奨学金を出してやろう」と誰かがボーンとお金をくれました。それで生活していたところが急に「お前ちょっと最近、勉強していないようだからお金を返せ」と言われたようなものです。困るでしょうと言ったら、それは困りますという話です。それが国レベルで起こったのです。

結局、急に金を返せと言われても返せませんから、かなり流れ込んだ資金が流出に転じたときにそれがタイの通貨危機というかたちになったのです。その意味では、ちょっと問題があったことはあったわけです。ただ問題があったと言っても、どの程度の問題かということです。支援国会議をやっています。見ていただいたらおわかりのように、マレーシア、シンガポール、香港、インドネシアなどが支援を約束して、皆で何とかしましょうと言っています。このときはまだタイで終わると思ったのです。ところがこれが、アジア中に広がったわけです。インドネシアなんかは、むしろ一番被害を受けているわけです。コンテージョン（contagion）という単語はこれで覚えました。こんな言葉は経済学の本にはほとんど出てくることはありませんが、「伝染」というのは英語でこう言うのですかという変な感想をこのときもちました。

特にインドネシアと韓国に注目してください。ここに西本先生がいらっしゃったら「その話はおれにさせろ」と言うと思うのです。ちょっと大変な話があって、裏話を聞いていますｏここでは言いませんが、そんな怖い話を聞きました。インドネシアのほうは、関学はインドネシアと非常に親しい学校でございまして、インドネシアセミナーという交流をやっております。私は１９９１年にインドネシアの大学に行っていますが、そういう非常に交流のあるところなのです。

インドネシアが特に大変な国なのです。私はインドネシアに行ったときに、日本の経済について話せということで、ついでにインドネシアの歴史その他も調べましたので、大変な国だということはよくわかっているわけでございます。私が行ったころ、まだ戒厳令があった国です。この中で「戒厳令」と言って、どういうものかパッとわかる人が何人いるかというような言葉ですが。ですから、軍隊がそういう意味ではそうなったらなんでもできる。デモがもし起こった場合、軍隊が判断したら、それこそ射殺だってできるような状況の中で、うちの学生が向こうのデモに参加して、慌てて「帰って来い」と言ったこともあります。「日本のつもりでやったらあかん。インドネシアは違うねん」という話です。ほんとうに真っ青になりました。女の子でしたけれども「向こうでデモに参加したい」と言うので、「お前な、あそこは戒厳令の国なんやで」。戦前の日本と同じですね。ですから、東ティモール問題というのは満州問題だと思えば、だいたいわかります。

インドネシアの件で何が言いたいかと言うと、インドネシアはその意味では特に問題がなかったはずなのです。経常収支は黒字でした。変動相場制へ移行してＩＭＦに助けを求めなければいけなくなった。これはその意味で言えば、先ほどのコンテージョンでタイが危ない、ではほかの国も似たようなものだと。ろくろくデータももってないのですね。ムード的にワアーッとやったらこうなった。問題はこの支援の問題なのですが、インドネシアにはバークレー・マフィアという人たちがいるのです。要するにアメリカのバークレーで勉強したような人たちがインドネシアの政府の中核にいるのです。どうもその人たちがＩＭＦの人たちと組んで、この際、スハルトがやっているさまざまな政策で、インドネシアのためにならないものをつぶそうというのにかかったようなところがあるようです。

結局、最後はうまくいったのです。皆さん方もご存じのように、このアジア通貨危機のおかげでスハルトが退陣して、その意味では民主化されました。インドネシアはその後、混乱はしましたけれども、一応うまくいっているのです。ただ、私たちがその状況を見てると、一歩まちがえるとどうなったかわかりません。あのときにスハルトが逆クーデターをやりかけた。つまり、もういっぺん戒厳令をやろうということで、軍隊に働きかけたのです。それがうまくいかなかったから良かったのです。あのときに、もしそれが成功していたら、以前にインドネシアでは30万人から１００万人までいろいろなデータがありますが、そのぐらいの人が死んでいまして、そこにもういっぺん行く可能性もあったような状況です。

マニラ・フレームワーク

ちょっと飛ばさせていただいて、その間いろいろやった話ですが、先ほど言ったようにアジア通貨基金はつぶれました。しかしマニラ・フレームワークというかたちで一応の協力体制はできたのです。

要するに、構造要因説とパニック説と先ほども申しましたように、診断が違えば、処置も違うわけですが、結局、ＩＭＦがお金を貸すにあたって、お金を貸すには条件があるというわけです。この条件というのがコンディショナリティということですが、これが結局内容が適切であったのかどうか。それとあのパニックのときにそういうふうなことをやったらどういうことになるか。

これはものすごい緊縮財政です。正直言って、現実にははっきり結果が出ていますからこれを言っても誰も文句を言わないと思いますが、インドネシアにせよ、韓国にせよ、もうとんでもない経済状況になって、これではどうしようもないということでＩＭＦ自身がそれを撤回しましたし、その後、専務理事が入れ替わったときに「あれはまずかった」という発言をしていますから、一応、反省はしていると思います。結局、ＩＭＦのコンディショナリティのおかげで、はっきり言えばやらずにすんだ傷を、インドネシアは負ったし、韓国も負った。あのときはほんとうに「ＩＭＦ憎し」というおかげで、あのときだけ「日本憎し」というのは一時、消えたのです。

問題は、先ほど申しました日本の立場でということです。最初から日本は正しいことを言っていたわけです。「これはパニックなのです。ともあれ今、コンディショナリティでこんなことをやったら大変なことになるし、だからもう、そういうことはするな」ということです。ともあれ、金を調達して助けることが先であって、コンディショナリティなんていうのは今やる必要はない。少なくとも、やらなければいけないかどうかの議論以前に、今やる必要はないということを言っていたのですが、結局アメリカに押し切られたかたちです。

あのときに、なぜそれをやれなかったのか。そのあとの金銭的な補助もあってアジアからものすごく感謝をされておりますが、あのときにもう少しつっぱることができれば、少なくとも議論をきちっとして、向こうを説得することができれば、たぶんもっと感謝されていたであろうし、今の日本の発言力がもっと大きかっただろうと思いますと、アジア通貨危機のときの日本のやり方は、やはり弱かったかなと思います。その時の一番中心になって活躍していた人は、黒田東彦という人で、今、アジア開発銀行の総裁をやっています。その時、わりときちっと議論はしていらっしゃいますが、アメリカに押し切られたかたちです。

一つだけ追加をしておきましょう。実はそのアジア通貨危機の数年後に日本金融学会でアジア通貨危機をふり返るというシンポジウムをやりました。私はたまたまその司会を仰せつかったのですが、その時に河合正弘さんという今、アジア開発銀行経済研究所長をやっておられますが、ちょうどアジア通貨危機のときに世界銀行のシニアエコノミストをやっておられたのです。東大の先生ですが東大から世界に羽ばたいた、非常に頭のいい方であります。その方に、先生は被告席ですから弁明のために時間を余分に与えますからということでしゃべっていただいたら、自分だけで半分ぐらいの時間しゃべられたのですかね。ちょっと言い過ぎたかと思ったのですが、その時に二つのことを言われました。

世界銀行はあのときに、ＩＭＦのこのコンディショナリティというのはまずいと思っていました。その世界銀行の現場の人はそういう発言をしてたのだそうです。その時にＩＭＦのお偉方から世界銀行のお偉方にクレームがついたそうです。それは何か。ＩＭＦと世界銀行とは意見を異にしてはいけないということになっている、ということなのだそうです。しかもその時には、ＩＭＦのほうが強いらしいのです。世界銀行からＩＭＦに移った人がいると「彼はがんばったね」と言ってもらえるのだ、ということを言っておられたのが一つ。

もう一つ、これまでずっとアジアの国々に対して改善を言ってきました。今、言わなかったら言うときがないと、今だったら聞くということでやった部分はたしかにあります。これは要するに河合先生が世界銀行のその時のムードを伝えてくれたのです。ですから、そういう不幸もあったわけです。事実としては、問題が解決してから何を言ったって聞いてくれません。今これ幸いとやったということです。先ほども申しましたように、インドネシアは国がもういっぺん大混乱に陥る直前までいったということです。

「アジアの外交」という題から想像された話とは、かなり違う話になったかと思います。わざと外した部分もありますが、ここで私の話は終わりにさせていただいて、不足している部分が多々ありますが、そこは質問で補っていただきたいと思います。

〈参考文献〉

Asian Development Bank, *Emerging Asia: Changes and Challenge*. 1997.（『アジア変革への挑戦』吉田恒昭監訳　東洋経済新報社　1998）
平田潤（編著）『検証アジア経済』東洋経済新報社　1998
IBRD, *The East Asian Miracle*, World Bank. 1993.（『東アジアの奇跡』白鳥正喜訳　東洋経済新報社　1994）
梶田孝道『統合と分裂のヨーロッパ』岩波新書　1993
近藤健彦（他編著）『アジア通貨危機の経済学』東洋経済新報社　1998
久保田哲夫『国際金融論入門』第3版　昭和堂　2008
Krugman, P.R., and M. Obstfeld, *International Economics*, 8th ed., Pearson Education. 2008.
国宗浩三『アジア通貨危機―その原因と対応の問題点―』アジア経済研究所　2000
国宗浩三『アジア通貨危機と金融危機から学ぶ』アジア経済研究所　2001
Mundell, R.A., “A Theory of Optimum Currency Areas,” in R.A. Mundell, *International Economics*, Macmillan,

1968（『国際経済学』渡辺太郎・箱木真澄・井川一宏訳　ダイヤモンド社　1971）, orginally published in *American Economic Review*, Vol.51, Nov. 1961.
村瀬哲司『アジア安定通貨圏—ユーロに学ぶ日本の役割—』勁草書房　2000
村瀬哲司『東アジアの通貨・金融協力』勁草書房　2007
坂田豊光『欧州通貨統合のゆくえ』中公新書　2005
進藤栄一（編）『アジア経済危機を読み解く』日本経済評論社　1999
高橋琢磨（他）『アジア金融危機』東洋経済新報社　1998
田中素香『ユーロ—危機の中の統一通貨—』岩波新書　2010
田中素香・藤田誠一『ユーロと国際通貨システム』蒼天社出版　2003
浦田秀次郎、木下俊彦編著『21世紀のアジア経済—危機から復活へ—』東洋経済新報社　1999
山下英次『ヨーロッパ通貨統合』勁草書房　2005

〈参考ＵＲＬ〉

ＡＢＤ（アジア開発銀行）http://www.adb.org/
ＥＣＤ（欧州中央銀行）http://www.ecb.int/home/html/index.en.html
ＩＭＦ（国際通貨基金）http://www.imf.org/external/index.htm

関西学院大学総合政策学部公開講座
「グローバル社会の国際政策」第6回

国際社会の中の企業と社会的責任

◆古川靖洋

序

昨年来よりいろいろとマスコミをにぎわせているトヨタ自動車のリコール問題というのがあります。２００７年ごろから、北米において複数の車種でアクセルペダルが戻りにくいという苦情が出て、それが元で死亡事故も起こりました。これに対してトヨタ自動車は、自社の責任を否定しながらも、２００９年の11月25日にフロアマットがずれてアクセルペダルが戻らなくなるような恐れがあるとして、米国国内で販売した８車種の乗用車計約４２６万台を対象に、アメリカ運輸省高速道路交通安全局に対して、リコール（回収、無償修理）を届け出ました。さらに、２０１０年２月24日に米下院監視・政府改革委員会公聴会に豊田章男社長が出席し、一連の事態に関する事情を説明しました。またそれに前後して、世界の各地において豊田社長が謝罪会見を行いました。

日本市場においても、２０１０年２月９日にトヨタ自動車はブレーキの不具合ということで、プリウスを含めた４車種のリコールを国土交通省に届け出ました。これら一連のリコール問題で、トヨタ自動車には莫大なコスト負担が生じたわけです。さらに、マスコミを通じてさまざまな問題が明らかになり、非難を浴びたりバッシングを受けたりというようなことで、大きなイメージダウンとなりました。

なぜ、このように大きな問題に発展してしまったかというと、トヨタ自動車の規模の大きさにその原因の一つがあると考えられます。２００９年度のトヨタ自動車の連結売上高は約18兆９５００億円です。この額はマレーシアや香港、タイなどの国々のＧＤＰに匹敵します。ということは、トヨタ自動車の社長の発言は、マレーシアや香港、タイなどの首相の発言とほぼ同じぐらいの重みを世界的にもっているということです。さらにトヨタ自体の対応もすべてそれに相当するわけです。つまり、大企業になればなるほど、当該企業の行動ならびに社長の発言や意思決定は、国際社会の中において大きな責任を負っているのです。

企業の社会的責任の定義

では、企業はなぜ企業倫理にもとづいて行動し、社会的責任を果たさなければならないのでしょうか。それは、企業は社会というトータルシステムの中の一つのサブシステム、すなわち社会という大きな枠組みの中の一つの要素だからです。企業自体は一つの閉じたシステムであるけれども、その企業は自分たちのことだけ考えて行動をすることはできません。つまり企業は、社会の中に存在する他の企業、行政、公共団体、取引先、消費者、地域の人びとなどと総合的なやりとりをして存在しているわけです。それゆえ、トータルシステムの中のサブシステムであるということを必ず念頭において行動しなければならないのです。ところが、なかなかそれを自覚できない企業や、実践できない企業がこの世の中には多いということが、現時点での一つの問題でもあります。

近年よくマスコミで、「企業の社会的責任（Corporate Social Responsibility）」という言葉がよく用いられています。この企業の社会的責任を定義づけてみると、大きく分けて二つに分類できるでしょう。

一つは「消極論」といわれる立場で、新古典派経済学に由来する考え方です。具体的な内容は、企業の社会的責任とは法律の遵守のもと、自由主義体制内でそれぞれの企業が利潤を極大化すること、つまり利潤極大化こそ企業の社会的責任であるという考え方です。企業がもっとも多くの利潤を得ることができれば、もっとも多くの法人税を払うことになるわけなので、法人税を徴収した政府機関が社会的事業をすべてやればいいという考え方です。たしかにこれは理論的にはまちがっていない考え方なのですが、現実的に公害とか環境破壊というさまざまな問題が起こっています。つまり、この消極論の立場の考え方では、いわゆる外部不経済には対処できないのです。そこで出てきたのが「積極論」の立場に立った考え方です。「積極論」は、企業が扱っている直接的な領域だけではなくて、間接的な領域、すなわち公害や環境保護、その他もろもろの事柄も企業の社会的な責任の範囲だとする考え方です。

大きく分けてこのような二つの考え方があるわけですが、これらがまったく異なる考え方かというとそんなことはありません。もちろん共通点も存在します。その共通点というのは「経済的な機能というものが自由経済体制の中で法と市場とのメカニズムという二つの制約条件に即して正しく遂行されるべきだとする点」です。

一方、相違点というのは「経済的な機能を超えた社会関与を企業の責任として、自発的、積極的に自覚して実践するか否かという点」です。現在はいわゆるグローバリゼーションの時代で、大企業、中小企業を問わずさまざまな国に進出しています。昔は総合商社などが時間をかけて多様な情報を仕入れていたのですが、今やインターネットを用いてあっという間に情報を得られる時代になっているのです。そうなると現代の企業行動の影響が、従来よりもまして広範囲に及ぶというようなことになるわけです。そのような状況になると、企業は法律と市場論理だけに即して行動するというだけでは、もはや説明できなくなります。法律が決まる前にどんどん考慮すべき情報が変化し、それに応じて企業の行動も変化してしまうのです。つまり、企業行動が影響を及ぼすあらゆる分野を網羅する「積極論」の立場に立って、この社会的責任を考えるのが妥当と考えられます。経済的な機能を超えた意味で、さまざまなことに対して企業が積極的に関与していくということが必要な時代になったのだと考えられます。

企業の社会的責任の内容

では、社会的責任の具体的な内容は何でしょうか。たとえば、正当な納税であるとか、従業員の雇用維持、自然環境の保護、株式配当率のアップ、社会貢献活動などさまざまなものが挙げられるでしょう。

このように多様な内容のものが社会的責任として挙げられ、社会的責任に対する概念規定が今ひとつはっきりしないのは、今までの社会におけるさまざまな問題と、それに対する企業の対処方法が、企業の社会的責任という言葉に集約されてきているからだと考えられます。

たとえば１９５０年代の日本では、労働争議という問題がありました。その当時、メーカー各社で総評系の労働者がストライキを起こして工場を長期間にわたって封鎖するというようなことも起こりました。企業側は団交を通じて打開策を提示したり、また第二組合をつくったりというようなことでこの問題に対処しました。そして労働争議問題を解決するにあたって最終的に出てきた結論が雇用の維持であり、それが企業の社会的責任として広く認知されることになりました。

高度経済成長期が一段落した１９７０年代には公害問題が一気に噴出しました。いわゆる四大公害訴訟で、被告側の企業がすべて敗訴するということになり、企業が自然環境保護に対して力を入れるのは当たり前であり、それは社会的責任なのだと皆が思うようになったわけです。さらに現在では、公害問題や環境保護に関して最低限の法律を守るというのは当たり前であるし、そこから先どこまで力を入れるかということが問われるような時代になってきているわけです。

それから、１９８０年代の半ばごろから、今度は社会貢献活動が企業の社会的責任としてとりあげられ始めました。この年代は、いわゆる円高不況といわれる年代で、日本のメーカー各社が円高の影響を受けないように海外、特に北米、ヨーロッパあたりに直接工場を設立していきました。そこで問題になってきたのが、企業市民という考え方です。市民としての企業が地域にどのように貢献できるかが問われ始めたのです。このころから、地域に対して莫大な寄付を出したり、文化事業に寄付したりというようなことで社会貢献をするのが企業の責任なのだという考え方が出てきたわけです。

また近年マスコミなどで、企業の社会的責任に関する問題としてとりあげられているのは、コンプライアンスといわれる領域です。すなわち法律遵守に関する問題です。これは前述した消極論の立場であろうが、積極論の立場であろうが、法律違反をするということは、もう最初から社会的責任を果たしていないということなのです。法人である企業は、法のうえでの人格を与えられているので法律を遵守する義務があるわけです。ゆえに、その法律を守れない企業はもちろん社会からの批判を浴びることになるのです。

このように、時間の経過にともなって企業に対するさまざまな問題や要望というものが現れてきます。企業は、社会というトータルシステムのサブシステムとして、それらの要望に対して対処可能なものに、その都度、対処していったわけです。その結果、多くの企業が対応できたものに関しては、それは企業の社会的責任なのだというように、社会の人びとの記憶の中に残っていき、認識されていったと考えられます。このように社会的責任の内容というのは時空によってどんどん変化します。その都度、一般的な見地からのさまざまな要望を企業が適切に把握して対処できなければ、社会から大きな批判を浴び、最悪の場合は社会システムから淘汰されるということになるのです。

総合的な観点からまとめて、森本[*1]は、企業による法的責任、経済的責任、制度的責任を狭義の社会的責任とし、さらに企業の社会貢献をこれらに加えたものを広義の社会的責任としています。また岡本[*2]は、自然環境保護や従業員の生活向上、地域や社会への貢献、フィランソロピー、メセナなどすべてをさまざまなステークホルダーからの要請としてとらえ、社会的責任という言葉をあえて使わず、社会性という言葉でこれらをまとめています（以後、本稿で社会性という言葉を使用する場合は、この意味で用います）。

社会性と企業の目標

では、企業は社会的責任をどこまで積極的に遂行すればいいのでしょうか。前述した社会貢献活動や環境保護問題なども、どこまでやればいいのか基準などはないのです。法律を越えた領域で一所懸命やるということについては、やればやるほどコストがかかります。その結果、短期的には企業の業績にはマイナスに作用することになるわけです。

企業業績が悪化すれば、株主から反発を受ける可能性が大きくなります。「社会貢献へ費用を出すのだったら、最低限のレベルでいいのではないか」「法律違反をしなければ問題ないのではないか」「そんなところを一所懸命やらずに、われわれの株式配当をもっとアップしてくれ」という要求が出てもおかしくはないのです。

なぜ経営者は社会性関連への支出をコストとして考えるのでしょうか。従来の企業理論の考え方にのっとれば、短期的な目標としては収益性、中長期的には成長性が重要です。この枠組みの中で、社会的責任を遂行するためのコストは、収益性や成長性を達成するための制約条件です。つまり、支出が収益性を圧迫するような場合、それをカットしてしまいます。特に景気が悪くなったときには優先的にカットしようと考えるわけです。

また、バブル期のように利益がたくさん出ていた時代には、社会性関連への支出はまた別の考え方をされていました。すなわち、上述した制約条件としての支出ではなく、まったく別枠で考えられていました。それゆえ、バブル崩壊後、フィランソロピー活動やメセナ活動などに対する支出は急激に削減されることとなりました。要するに「いままでは余裕があったから出していたけれども、余裕がなくなったからもう出せません」というふうに対処した企業が多くあったのです。企業業績とはまったく無縁のところで、この社会貢献活動というのは考えられていたので、景気が悪くなって、そんな余裕がなくなったら「もう少し削減しましょう」「思いきって無しにしましょう」というふうに対処した企業が多いのです。

このような二つの立場で社会性関連の支出を考えていると、支出は安定せず、いつかは支出されなくなってしまうかもしれません。これでは、社会性関連の企業行動を積極的に展開することはできなくなってしまいます。そこで、社会性関連の支出は「社会のためではなくて企業のためだ」と考えなければならないわけです。企業というのは社会の公器ですが、慈善活動をするために存在しているわけではありません。まず世間一般の人びとに、より良い製品やサービスを提供しなければいけません。そして、そのような活動から利潤を得なければならないし、その利潤の一部を株主に対して還元しなければなりません。このようなさまざまな行動をするために社会に存在しているわけです。それゆえ、社会の中でいろいろと社会的な活動をするというのも、あくまで社会のためではなくて企業のためなのだ、自らのためにそれをやるのだ、と考えるのはおかしな考え方ではないのです。

従来の考え方においては、企業の諸活動は企業の最終的な目標である長期維持発展するための下位の目標だと考えられているのです。長期維持発展するためには収益性を上げていかなければならないし、成長性も高めていかなければならないので、社会的責任に関する支出はあくまでも制約条件にしかならないわけです。

そうではなくて、社会性を長期維持発展するための比較的上位の目標におかなくてはいけません。少なくとも、収益性、成長性と同一のレベルで考えなければいけません。すなわち、社会性を「超長期的目標」として設置することを提言したいです。社会的責任を超長期的な目標だと考えれば、前述したように制約条件にはならないのです。

この考え方にしたがえば、費用的に厳しいときには社会性関連の支出を減額するかもしれないけれども、まったくその考え方を外してしまうものではないでしょう。あくまでも最終的にはそれは企業の超長期的な目標を果たすための手段です。だから社会性を追求していかなければならないという立場なのです。

収益性・成長性と同一レベルの目標としての社会性については、上述してきたとおりですが、社会性目標を追及するあまりに、収益性目標や成長性目標がまったく達成されなくなってしまっては意味がないです。短期的、中長期的には収益性目標や成長性目標が重要だからです。まず、社会性目標の追求→収益性・成長性向上（企業業績の向上）の因果関係について検証した例を見てみましょう。ボウマン＝ヘア（Bowman, E.H. & Haire, M.）[*3]は、社会的責任の遂行の程度と企業業績との関係を分析しています。彼らは、各企業の年次報告書の中に出てきた社会的責任遂行に関するフレーズの数を数え、それを社会的責任遂行度の代理変数として用いています。一方、業績指標として、ＲＯＥ（株主資本利益率）を用いています。結果は、社会的責任遂行度が高い企業ほど、ＲＯＥが高いというものでした。つまり、社会性を重視するほうが重視しないよりもより高業績に結びつくといえるのです。

このように、社会性目標の追求→企業業績の向上を実証した研究は他にもありますが、必ずといっていいほど、現在の企業業績が高いから社会性に対して力を入れることができるのではないかとか、中小企業のように資金的に余裕のないところでは、社会性に力を入れることはできないという、高業績→社会性目標の追及の関係を主張する者もいます。要するに、にわとりが先か卵が先かという議論です。マクガイアら（McGuire, J.B. et al.）[*4]は、企業業績と社会性の間の因果関係を、時系列データを用いて分析しています。その結果、先行期の業績が後の社会性評価指標の原因となっている可能性が高いことを示し、さらに、社会性目標を追求することは、収益性向上に直接結びつくのではなく、リスクを低下させることに結びつき、それが結果的に収益性の向上につながることを指摘しています。つまり、高業績→高社会性→低リスク→高業績の因果関係を主張しているのです。岡本[*5]も、財務データの時系列的な推移と、企業の社会性指標との関係を分析しています。岡本は、サンプルを財務業績・社会性がともに高いTypeⅠ企業、ともに低いTypeⅡ企業、財務業績のみ高いTypeⅢ企業、社会性のみ高いTypeⅣ企業に分類し、時系列的にTypeⅠ企業とTypeⅢ企業、TypeⅡ企業とTypeⅣ企業の間に差があるか否かを実証しています。そして「社会性の低い企業は、現代社会からの要請に的確に応えることができず、結局企業業績も悪化させてしまう。社会性は高業績維持には必要」「社会性だけで高業績を維持することは難しく、高業績を維持するためには、社会性以外の他の要因が大きな影響を及ぼす」「業績の悪い企業が業績を回復していくとき、社会性が必要であり、社会性が低いと業績低迷の確率は高くなる」という結果を得ています。この結果にしたがえば、現在、高業績である企業が、その状況を維持するためには、本業関連の要因に加えて社会性にも力を入れる必要があり、社会性を軽視するとしだいに業績の低下を招く可能性があるといえます。また現在、低業績に甘んじている企業が業績を回復していくためには、社会性を単にコスト要因と考えたり、軽視してはならないと主張しています。この内容はさらに5年後・10年後のデータでも確認されており、社会性を企業評価基準の一つとして加える意義は高いのです（岡本・梅津[*6]）。このような内容は、マクガイアらが言ったように、過去の高業績がリスクの低下を介して高収益性に結びついているといといえるのです。

う主張にも妥当するようです。つまり、社会性は高業績にとっての十分条件とはいえないが、必要条件である

コーポレート・レピュテーションと社会性

次に「コーポレート・レピュテーション（Corporate Reputation）」という観点から企業の社会性を考えてみることにします。社会性に力を入れるにしても、さまざまな分野がその対象となります。それゆえ、ここで「経営者および従業員による過去の行為の結果、および現在と将来の予測情報をもとに、企業をとり巻くさまざまなステークホルダーから導かれる持続可能な競争優位から生じるもの」を、このコーポレート・レピュテーションの定義とします。加賀田[*7]によると、継続的な社会的責任の遂行は、プラスのソーシャル・レピュテーション資源の蓄積に貢献し、これがビジネス・レピュテーションと結合することで、他社の模倣を簡単に許さない持続的競争優位のための経営資源（コーポレート・レピュテーション資源）になりうると主張しています。前述したように、積極的な社会的責任の遂行や社会的貢献などの社会性を重視した企業行動は、超長期的な観点から、企業の長期維持発展のための一手段となっています。社会性への支出が直接企業業績の向上に結びつかないからといってやめてしまうのではなく、超長期的な観点に立ち、日々努力する必要があるのです。レピュテーション資源は一朝一夕には蓄積できません。その蓄積には、長期的で地道な行動が必要なのです。その努力の結果、それを手に入れた場合には、その資源が他社に対する差別化要因となり、持続的な競争優位の確立へ大きく貢献することになるのです。

一方、このレピュテーション資源にはマイナスの側面が存在します。これは企業経営に対して大きなダメー

ジを与えるもので、極力これを生じさせないように注意する必要があります。企業の社会的責任の遂行に関してマイナスのレピュテーションが生じる一例としては、企業不祥事の発生やコンプライアンスを無視した企業行動などが考えられます。特に近年、ネットワークが急速に発達したため、不祥事への対処が不適切であったり、遅れたりした場合、社会に反する企業という悪いイメージがあっという間に広まってしまいます。このようにマイナスのソーシャル・レピュテーションは非常に短い時間で確立し、今まで長期的に蓄積してきたプラスのレピュテーションを一瞬にして水泡に帰してしまい、対応しだいではマイナスのレピュテーション資源になってしまうのです。たとえば、雪印乳業の食中毒事件というのがそれにあたるでしょう。それゆえ、不祥事をできるだけ起こさない、起こした場合には迅速かつ適切に対処するというリスク管理手法を全社的に徹底し、マイナスのレピュテーションによるダメージを起こさせないよう注意する必要があります。

　まとめると、このプラスのレピュテーションをいかに築き上げていくかが重要になります。これには非常に時間がかかるので、戦略的に取り組む必要が出てくるわけです。超長期的な立場から、できる範囲内でさまざまなことをやっていかなければなりません。余裕があるときはいろいろやってもいいし、余裕がなくなったときは可能な範囲でそれなりに何か努力すればいいわけです。企業の利益とは関係ないからとか、世間の評判が話題にならないから積極的に取り組まないようでは、プラスのレピュテーション蓄積はおぼつかないでしょう。その意味で、企業の社会的責任の積極的な遂行を通じてコーポレート・レピュテーションを高めるということが、重要になってくるわけです。なぜなら、社会性を重視してプラスのレピュテーションを向上させていくというのは、企業にとって制約条件ではなくて、一つの戦略的な要因だからです。それをいかにうまくやるかによって最終的に企業の利益、もしくは企業価値を向上させる、ということに結びついていくのだという観点から、経営者はそれに取り組んでいかなければならないのです。今や社会性に力を入れていくことは、戦略的な要因と考えられる時代になったといえるでしょう。

実際にこのように考えて行動している企業も出てきています。例として挙げれば、ＩＫＥＡはこれにあたるでしょう。ＩＫＥＡはスウェーデン発祥の家具メーカーで、創業は１９４３年です。ＩＫＥＡには「ＩＷＡＹ」という行動規範があります。具体的にいうと「The IKEA Way on Purchasing Products, Materials and Services.」という、ＩＫＥＡにおいて原材料や製品を買いつけるたり、サービスをする際の行動指針です。このＩＷＡＹには、ＩＫＥＡに原材料を納入しているサプライヤーやもしくは製品の状態になったものを納入しているメーカーに要求する最低限の事項が明記されています。また、サプライヤーの立場に立ってＩＫＥＡに対してどんなことを期待できるかということも記載されています。

ＩＷＡＹが重要であるのは、ＩＷＡＹに含まれる要求事項には、強制労働であったり、児童労働の禁止であったり、安全で健康的な労働環境であったり、国や地域の法令遵守であったり、化学物質の取り扱いに対する責任などが詳細に記されていることです。そして、それが遵守されているかどうかをチェックするために、ＩＫＥＡの従業員が頻繁にサプライヤーのもとを訪れているのです。また、ＩＫＥＡもしくはそのサプライヤーとまったく関係ない人物が要求事項の遵守状況をチェックしています。２０００年にＩＷＡＹが導入されたのですが、各分野で着実な進展があって、現在は10万件以上の改善がなされています。

なぜＩＫＥＡはこのようなことに取り組んだのでしょうか。ＩＫＥＡが扱っている商品にラグとよばれるマットがあります。かつて、ラグマーク付きの商品（児童労働をしていない取引先という証明付きの商品）を買いましょうという運動があり、ＩＫＥＡはその運動に参加して、ラグマーク付きの商品を仕入れていました。

しかしあるとき、マスコミが「ＩＫＥＡの扱っているラグの製品には児童労働をしているものが含まれている」とすっぱ抜いたのです。

ＩＫＥＡはその当時、ラグマークがついていれば児童労働とは関与はないと思っていたわけですが、実際にマスコミが持ってきたフィルムなどを見ると当該仕入先の児童労働は事実でした。その結果、ＩＫＥＡに対して不買運動が起こってしまったのです。ＩＫＥＡはそれに対して「申し訳なかった。チェック体制が甘かった」と素直に謝罪し、取引内容を調べ直し、そのサプライヤーとは取引しないということになったのです。

ところが、ＩＫＥＡの対処策はそれで終わりませんでした。その担当者とその当時の経営者が「ＩＫＥＡがそのサプライヤーと提携しなくなったからと言って、問題が解決するのか。児童労働の何が問題なのか」と考え、この問題に改めて取り組むことになりました。つまり、根本的な問題である貧困問題を改善しなければならないということに、そこで気づいたのです。

それ以来、ＩＫＥＡはラグマーク付きの製品のみを扱うということをいっさいやめてしまい、自らの方法で児童労働の有無を調べあげていくということに着手し始めたのです。そして、それがＩＷＡＹで示されている「児童労働の防止に積極的に取り組む」という方向になっていくのです。

それゆえ、ＩＫＥＡのサプライヤーやさらにその下請業者はすべて児童労働に関するＩＫＥＡの行動規範の遵守を義務づけられているのです。そして、これを義務づけるだけにとどまらず、ＩＫＥＡは積極的にその地域に行って、学校などをつくって、その運営までやっています。学校をつくるだけではなく、運営面からも貧困を支え、児童労働の根源を断とうと取り組んでいるのです。さらに、児童労働の根本原因を解決するためには、規則の遵守状況を監視するということが不可欠なのですが、これにはユニセフと共同で子供の人権プロジェクトとして取り組んでいます。

それから、マイクロファイナンスのようなこともＩＫＥＡは行っています。つまり、働きたいという人には少額のお金を貸し付け、うまくいったら自分たちで自立していくということも進めています。ただ補助金を出せばいいという問題ではなく、根本的に仕組みを変えなければならないと自覚し実行しているのです。

そのようなことをやっているうちに、ＩＫＥＡは社会的なプラスのレピュテーション資源を蓄積できるわけです。さらに現在、ＩＫＥＡはＩＷＡＹを用いて児童労働以外の面においても、社会に対してプラスに貢献できるように日々活動を行っているのです。

このように、ＩＫＥＡは児童労働に関連する問題によって、かつてマイナスのレピュテーションを得ることになってしまったのですが、その後、その問題をいかに克服して、最終的にプラスのレピュテーションにしなければならないかということに戦略的に取り組んだわけです。この問題に真剣に取り組まなければ、またいつか、ＩＫＥＡ自体が社会からの批判の対象に再びなる可能性もある、ということを踏まえたうえで現在の行動をとっているのです。これがうまくいけば、ＩＫＥＡの製品が安くて、社会的にもいい製品を扱っているというようなことで、どんどんプラスのレピュテーションが蓄積していくということも考えられるのです。

企業はその規模が大きくなればなるほど、グローバル社会に対してより大きな影響を及ぼすようになっていきます。その影響の範囲は多方面におよび、そこでさまざまな社会的責任を遂行していかなければならないのですが、著者の主張によれば、あらゆるものをやれと言っているわけではありません。可能な範囲で、自社の得意とするところで、最終的にプラスのレピュテーション資源を蓄積できるように、超長期的な視点から戦略的に取り組む必要があります。それに対して、もちろんコストがかかり、またすぐに効果が出るものではありませんが、超長期的目標の観点から必ずプラスとなって企業に返ってくるものだと考え、積極的に社会的責任を果たしていかなければならないのです。

＊1　森本三男　1994
＊2　岡本大輔　2000：p.59
＊3　Bowman,E.H. & Haire,M.　1975：pp.49-53
＊4　McGuire,J.B. etal.　1988：pp.854-872
＊5　岡本大輔　2000：pp.65-72
＊6　岡本大輔・梅津光弘　2006：pp.96-105
＊7　加賀田和弘　2008：pp.47-50

〈**参考文献**〉

岡本大輔「企業評価基準としての社会性：Revisited」『三田商学研究』43-5：pp.55-74：2000
岡本大輔・梅津光弘『企業評価＋企業倫理』慶應義塾出版会　2006
加賀田和弘「企業の社会的責任と経営戦略」『総合政策研究』No.30：pp.37-57：2008
古川靖洋「企業の社会的責任（企業の社会的責任）と企業経営」『基本経営学』深山明・海道ノブチカ（編著）pp.223-236：2010
森本三男『企業の社会的責任と経営学的研究』白桃書房　1994
Bowman, E.H. & Haire, M., "A Strategic Posture Toward Corporate Social Responsibility," *California*

Management Review, Vol.XVI, No.2, pp.49-58, 1975.

Davis, K., "The Case for Against Business Assumption of Social Responsibilities," *Academy of Management Journal*, Vol.16, No.2, pp.313-322, 1973.

Friedman, M., *Capitalism and Freedom*, University of Chicago Press, 1962.

McGuire, J.B., Sundgren,A. & Schneeweis,T., "Corporate Social Responsibility and Financial Performance," *Academy of Management Journal*, Vol.31, No.4, pp.854-872, 1988.

関西学院大学総合政策学部公開講座
「グローバル社会の国際政策」第7回

公開シンポジウム
グローバル社会の国際政策

◆小西尚実（コーディネータ）

はじめに

皆さんこんばんは。三田市の市民連続公開講座も、今日が7回目の最終日となります。三田市キッピーモールで、今まで全6回の講義があり、梅雨の時期と重なりましたので、大雨の時もございましたが、市民の皆様には非常に熱心に講義に出席していただきまして、誠にありがとうございました。

今日は、関西学院大学総合政策学部、この三田キャンパスに場所を移しまして、市民の皆様には、関学生と一緒に机をならべて、少しアカデミックなこの雰囲気を楽しんでいただきたいと思っております。一方で、多数の学生も今日は出席していますが、学生の皆さんには、社会の大先輩である市民の方々の、生涯継続して学ぶという姿勢に刺激を受けていただいて、積極的に今後、このキャンパスで学んでいただければと期待をしております。

小西尚実（コーディネータ）

本日は90分という時間で非常に限られております。今日は西本教授がスケジュールが合わずに出席していただけませんが、前5回分の講義を担当していただいた教員の方々と一緒に、それぞれご専門の立場から、今後の日本の国際政策、その方向性、日本の進むべき道に関して、いろいろ議論を深めていければと思っております。

それではパネリストの先生方を紹介させていただきます。まず、私の左隣になりますが、小池洋次先生。政策形成過程論、アメリカ政策研究がご専門です。そのお隣は柴山太先生。英米軍事外交史、日米思想史がご専門です。そのお隣が鈴木英輔先生。国際法、法政策学がご専門です。そのお隣が久保田哲夫先生。国際金融論、国際経済学がご専門です。一番、遠いところにいらっしゃるのが古川靖洋先生。計量経営学、経営戦略論がご専門です。それでは議論を進めてまいりたいと思います。

1　日本の課題

まず最初に、この公開講座の第一回目が実施されましたのが5月末です。6月初旬に、鳩山前首相の辞職がございまして、菅政権が発足いたしました。それ以降、さまざまな分野で政策的見直しというのが進んでおりますので、まず初めに各先生方のご専門の立場から、現在、日本が抱えている課題をお話をしていただきます。その課題に関して、どう日本が取り組んでいくのかという点に関しても少しお話をいただければと思います。それでは、小池先生からお願いいたします。

小池――

ありがとうございます。トップバッターということで責任重大ですけれども、必ずしも課題に答えることにならないかもしれませんが、三つの点について申し上げたいと思います。

第一点は、今度の参議院選挙で財政再建、消費税の税率引き上げが焦点になっているように伝えられているのですが、まず申し上げたいのは、財政再建とか、消費税を考える前にわれわれはやるべきことが多々あるんではないかということです。と言いますのは、菅政権が発足して、これまでの鳩山政権の軌道をずいぶん修正してきたわけですよ。たとえば、鳩山政権の問題点、マニフェスト原理主義だとか、マニフェストにこだわりすぎですよとか、それから、外交問題に必ずしも精通していないとか、小沢さんに依存しすぎているとか……。これを修正してきているわけです。それ自体はいいのですけれども、ただ鳩山政権のかかえた問題の特に二つ。政治と金の問題、それから日米問題ですね。普天間の移設問題。この二つは解決してないですよね。特に問題だと思いますのは、政治と金で、端的に言えば、一国の首相が実質的に脱税をしているような国に、われわれは税金を納める気がするだろうか、という問題ですね。

小池洋次

そういう政権が、そういう政権をつくりだした人たちが、その政治と金の問題をしっかりと総括せずに、国民に対して増税を求めるというのは、ちょっと筋が違うのではないだろうかと私は思います。まずもって、政治と金の問題について、はっきりと総括することが財政再建を話し合う基本的前提である、というのが第一点ですね。

それから、政策の質が非常に低下してきていると思います。長い目でみても、諸外国とくらべて政策を打ちだすタイミングが非常に遅れている。たとえば金融大改革、イギリスは1986年にやってから、もう10年以上遅れて日本は、金融改革に取り組んだわけです。

最近で言えば、ずいぶんばら撒き型の政策をとっていますね。これも非常に、選挙民あるいは国民的な人気を得るためだとする人気取りの政策、本来やるべきでない政策を今やってるというわけですね。したがって、短期的にも中長期的にも、やはり政策の質が低下しています。これはなんとかしなくてはいけません。特にグローバルなレベルで、政策に関する大競争が始まっている状況ですから、この段階では、われわれは政策の質をあげるべく努力しなくてはいけない、これが第二点です。

第三点ですけれど、第二点に関連するのですけれど、政治家の質が低下しすぎています。これは歴代首相をご覧になれば、一目瞭然だと思いますけれども、短期でくるくる替わって、海外からみても異常な事態ととらえられています。しかも、前首相までの4代を見ると、首相になるのが、かつての首相の孫か息子というような、北朝鮮もびっくりするような、そういう国家だったわけです、今は多少違うのですけれど。要は、なぜそう事態になるかというと、政治家あるいはトップリーダーが、能力ではなくて、ブランドとか家柄とか毛並みで選ばれているからですよね。これも何とかしなくてはいけません。おそらく最後の方で、この三番目の議論は敷衍するチャンスがあると思いますが、とりあえずこれぐらいで私の発言を終わりたいと思います。

柴山――

柴山でございます。一番大きな問題は、現在の日本がグランドビジョンを失っていることです。実は大正時代の初めにも同様の問題がありました。国際国家として認められ、国際連盟の常任理事国となり、近代化も成功し、大正時代の成功となったのですが。同時にそれは、次はどうするのかという将来構想の大問題にも直面したのです。現在の日本の場合は、バブルがはじける以前から、ある意味、一つの成功を収めておりました。イギリスの新聞によれば、20世紀にもっとも成功した国は日本だそうです。１９００年のイギリスの富は１００年もかかって、２０００年に3倍となり、アメリカの場合は8倍となったのに対して、日本の場合は22

から23倍になったというのです。第二次世界大戦の大失敗にもかかわらず、日本は大きな成功を収めたということです。ところが、その次ということで非常に困っています。私からみますと、現在の日本は、国際的に競争が激しくなっているのにもかかわらず、何にもしなくてもそんなにひどくはなるまいというわけのわからない楽観論と、いや何かをしないと大変なことになるという漠然とした不安感のはざまで苦しんでいます。他方で、国際的には自分たちがどんなユニークな立ち位置をもつべきかというアイデンティティ問題でも非常に苦しんでいます。というところでグランドビジョンというのがまったく見えないのです。

柴山太

最近ひどいと思うのは、グランドビジョンを議論する場すらもうけていないことです。目先の問題ばっかりやっているし、その次には政権が猫の目のように替わっていて、次の政権は何を考えているのかもはっきりわかりません。小池先生の話にもありましたが、菅首相が8月に普天間問題の解決はそれなりに出しますという、第二の鳩山さんのミスみたいなことをすでに述べてしまいました。その先には何があるのだという時限爆弾を抱えていながら、それを解決する方法がはっきりしません。そろそろ腰を落ち着けて議論すべきだと思います。

出発点として私の頭にあるのは、イギリスの例です。かつてイギリスはアメリカ合衆国が独立したときに、強大なる植民地をうしなったわけで、そのショックは強烈でした。しかし、イギリスはそれを乗り越えて、ビクトリア女王のときの大成功を収めています。やはり求められるものは、試練を乗り越える強い意志と構想力、なんと言っても今、日本に一番欠けているもの、それは勇気です。とにかく前に出る勇気をしっかりともつことが大事です。だから、これを言ってはいけないとか、あれを言っちゃいけないとか、あるいは、うちうちで処理するところから自分自身がまず脱却することが必要です。その意味では、日本の現在は面白い時代であると同時に、まさにチャレンジの時代なのです。

鈴木――

政治家を非難する前に、二点確認しておくべきことがあると思います。それは、選挙する人と選挙される人は、相互に補完的な関係におかれているのだということ、したがって、政治形態の質というものは、国民一般の質を単に反映しているにすぎないということです。というわけで、柴山先生が今おっしゃたように、基本的には現在の混乱している日本の政治の内容というのは、戦後の日本の意志の喪失、それを単に反映しているしかないということです。それと、鳩山総理大臣退任、次ぎに出てきた菅総理大臣、すでに争いというのはこの七月の参院選ではなく、これからくる九月の民主党の代表選挙です。その結果がどうでるかによって、日本の政治がどのように展開されていくのか、まったくわかりません。基本的に問題なのは、国民総体の質ということと、統治を任された者たちが基本的な政治責任を果たしていないということです。ましてや、選挙民の方が、その政治責任をまっとうすべきだということを要求しないでいる、という基本的な国民の義務、権利の放棄です。

これは統治の問題ですから、基本的に三つ必要な条件があるわけです。まず第一に、意思決定過程の透明性です。つまり、適切な情報が国民の前に出てくるという制度の必要性です。残念ながらそういう制度が不在です。情報開示の要求があっても、なかなか情報が出てこないという秘密性のことです。第二に、権限をもっている行為者、行政官、政治家などが、その権限の行使や職務の遂行に対する説明責任を果たすこと。と同時に、なぜ、ああいう人たちがこういう行為をとったのか、行動を起こしたのか、決定したのかなどと、国民の方が一つ一つ説明をもとめるべきだと思うのです。そのために、第三として、公の権限の行使により利害を被る者（受益者であっても、あるいは被害者であっても）は、その大きな意思決定プロセスに自らが参加する権利があり、その権利を行使するのが民主主義の実践なのだということの自覚です。そのために適切な情報をもとめ、行政官に対して、なぜこういう行動が起こされたのか、決定がなされたのか、という説明を要求する権利を行使することです。そういう積極的な意志がないかぎり、日本の政治というのはよくならないでしょう。したがって、政治家を非難すると同時に、自分たちのやってこなかったことも反省すべきだと思います。

久保田――

実は、話を聞きながら、ここに西本先生がおられないのが非常に残念だと思っています。と言いますのは、昔、西本先生から聞いた話ですが、まだ西本先生が国連におられたころ、今の民主党政権の人たちがまとまって、国連に来たのだそうです。「お前も日本人職員なのだから、ちょっとそこに出てくれ」というかたちで西本先生は、国連側の何人かの人と一緒に、菅さんとか、そのへんの人たちと会合をもたれたそうです。その感想をひと言、私に言われたわけです。「彼らはあまり外交がわかっていないように思う」と。少なくとも、国連で働いている者の立場からみたら、やはり外交について、プロの域にはぜんぜん達していないという感覚があったのだろうと思います。

実際、民主党になってからの外交での迷走、それともう一つは対中国へのすり寄り方、日本をどうするつもりか、という状況であることは確かなのですね。じゃ、どうすればいいのかという話ですが、先ほど、政府をどうのこうの責める前に、国民はどうなのかという話が出ましたが、実は私は最近、総合政策入門で、一番最初に必ずお話している話があります。つまり、日本という国が、経済的にずいぶん落ちてきているという話をしております。いっときは一人あたりのＧＤＰが世界3位までいったという豊かさの指標ですが、今や16、17位あたりを低迷している状況ですね。

それで、ジャパンバッシングという時代がありましたが、それは望ましいことではありませんけれども、非難されるぐらい目立っている、存在感がある、ということですね。ジャパンパッシングとよばれ、ジャパンナッシングとよばれ、ついこの間、ジャパンディッシングというふうに変わったのですか。軽蔑するという意味です。軽蔑されてるのと、ナッシングとどっちがいいのかという話です。失恋して、忘れられるよりは軽蔑されている方が良いというような話もあるわけですが、マイナスよりはナッシングの方がいいのかな、という感じです。そうして、どうしてそういうふうになってきたのか、というのは思います。

これまで、日本の国際関係における存在は、もっぱら経済でして、要するに「あそこは金を持ってるのだから、言うこと聞け」ということです。国連でもずいぶん聞きました。日本のお金のおかげで、私たちは活動できてるのだということですね。１９９7、8年ころはそう言ってくださいました。それが急速にその影響力が落ちてます。今は国連の第一大使をしておられる高須大使が、第三大使になって国連日本代表部におられたときに、私は第一回国連セミナーで、高須大使からお話を聞く機会がありました。その時に高須大使が言われたのは「お金だけ出してたのではダメだ、知恵を出さなければいけません。日本がほんとうに、世界に認めてもらえるようなかたちのプランを、この世界を良くするためのプランを出さなければ、相手にしてもらえない」。

高須大使には、日本の経済がこれから落ちていったときに、はたしてどうなるかという危機感があったのかもしれませんが、事実、こういうふうに存在感が落ちてきている中で、しかし、小国でもやはり尊崇を集めている国もあるのですね。日本が豊かになり、もう一度、経済的意欲をもって、その経済力で存在感を高めることも望ましいことであります。が同時に、やはり知恵を出すかたちでやっていかなければなりません。ところが、それが期待できるのかという話ですね。アルゼンチン化ということは一時、議論されました。アルゼンチンは戦前、非常に豊かな国だったのですけれど、今や完全に開発途上国ということになっております。日本もそうなるという見方ですね。

実は私は、高等教育推進センターという教育に関するところの仕事をしておりますものですから、教育に関する本もいろいろと読んでおります。結局のところ、戦後の先生の言うことは信用できないという、昨日まで教えていたところを教科書に墨ぬって、ここの部分はまちがっているから消せという、教育を受けた人、私たちよりもうちょっと上のころですね。その人たちから延々と、教育というものは今に至るまで少しづつ落ちてきているのではないか、と。今、一番大きい問題は子どもが教室で騒いでいることではないんです。子どもが騒いでいるからと親に言いにいったら、親が「なんで悪いのですか」と言います。そうなっていることが問題です。まだ、子どもが騒いでいて、騒いでいる子どもについて、親に言ったら、「えっ、そりゃすみませんね」と言えるのだったら、まだ問題はないけれど、もはや、その段階を過ぎています。親の方が問題だと、そんな時代になっているわけです。

そのような中で知恵を出すことも、経済力を高めていくことも非常に難しい問題であろうと思っておりま す。ただ、希望がゼロではないのです。やはり私たち、その中で頑張っている人たちをたくさん知っておりますから、そのような人たちが少しでも種を播き、その種が若い人たちの中で芽生えてくれることを望んで、やれることをやるしかないのかなというのが今の気持ちです。

古川――

小池先生からもお話があったように、今ちょうど選挙をやっていて、菅直人首相が消費税のことを述べたので一大論争になっています。これについて、賛成、反対の意見があるのは当たり前の話です。皆さん、税金が増えるのは嫌に決まっているでしょう。少ない方がいいに決まっているわけですが、このまま今の日本での生活等を現状維持しようとすると、やはりある程度、増税をしないと財政再建は無理だろうと思います。あと20年後、30年後には、今の学生諸君がもっとたくさんの税金を払わなければいけないような状況になることは見えているわけです。ですから、なんとか構造的に税制を変えなければいけないのです。

もともと税収の大きな部分は、法人税と所得税だったわけです。ところがここ10数年間、景気があまりよくないので、法人税自体の税収が少なくなってしまっています。だから、他からとりましょうというのもあるわけなのですが、今回、たとえば法人税率を下げて消費税でまかなおうとか、それは企業優遇策ではないか、というような議論も出ています。ある党は、そういうことで「民主党なんてだめだ」とか言っておりますけれども、日本の法人税の水準は世界的にみて非常に高いのは事実です。だいたい今43％ぐらいだと思いますけれど、かつては50％近くあったわけです。アメリカはレーガン政権のときに、大きく法人税率であるとか所得税率を下げました。日本もすぐそれに対応して、下げていったわけです。

これだけ企業の活動がグローバルになると、法人税率の高い国に拠点をおかなくてもいいのではないか、というふうに考える企業が出てきてもおかしくないわけです。となってくると、世界的に法人税率の安くて動きやすいところに本社ごと移してしまった方がいいのではないか、というふうに考える企業が出てくるわけです。そうなってしまうと、その分の法人税なんて、あっという間に吹っ飛んでしまいます。もしトヨタ自動車がそんなことしたら、もう豊田市自体がつぶれてしまうかもしれません。それほど、多額の法人税を払っている企業が日本の中にもあるわけです。その一方で、ほとんど払ってない企業というのもいっぱいあるわけなのです。こういう面を考えただけでも、税制を過去の延長のまま、ああだこうだと言っているといつまでたっても直りません。せっかくの機会だから、さんざん議論していただいて、より良いものを策定していただければいいかなと考えています。

それから、財政を立て直すために、企業の力、そこから出てくる法人税というのは、必要な項目なのですが、なかなか日本の企業も業績が上がりません。たとえば中国の企業であるとか、韓国の企業の方が、元気があって良いなんて話がありますけれど、日本の企業の製品もそんなに悪くはありません。ではなぜ、それが利益に結びついていかないのかというと、実はここ数年間でかなり顕在化していることなのですが、日本の国内市場だけしか見ていない製品であるとか、日本の国内の企業同士で競争していて、諸外国とはぜんぜん競争になってないような製品を作っている企業が少なからずあるということです。

有名な話は、シャープ、パナソニックなど日本の携帯電話を作っている企業がいくつかありますけれども、みんないわゆるガラパゴス化してしまっています。つまり、日本の市場の中だけで、どこのメーカの機種がどうのこうのって、半年に1回ぐらいには、やっています。しかし、世界市場でのシェアたるものは5%もないような状態です。ソニーがエリクソンと組んで出しているのが、なんとか世界に通用しているものの、あとはほとんど売れていません。なぜ売れていないのかというと、仕様が違うわけです。結局のところ、日本が独自の通信体系をとってしまったがために、その中だけで発展してきた製品は、海外では知名度が低いのです。皆さん海外に行ったときに使えるだろうと思うかもしれませんが、結局のところ、いろいろな問題があって、世界市場には受け入れられません。ノキアやサムソンなどとはぜんぜん勝負にならないです。

それではどうすればいいのか。それはやはりある程度、インフラ的なものは世界の標準に近づけていくというような政策も必要なのかもしれません。そういうようなものが携帯電話だけではなくて、さまざまな領域であるわけです。ですから、それは企業だけの問題ではなくて、監督省庁等の規制緩和をいかにするか、ということを同時に考えなくてはいけないのかもしれません。空港問題なんかもまさにそれに絡んできて、議論をしている間に、韓国のインチョン空港だとかシンガポールのチャンギー空港へ物流の大半をもっていかれて、日本は全部、通過点になってしまっています。早急に手を打たなければいけないのだけれど、それがなかなかできないというところが、それが現在の問題だと思います。

2　日本のアジアでの役割

今のお話の中で、非常に重要なキーメッセージがいくつかありましたが、少し問題を掘り下げて、議論の方を進めていければと思っております。先生方の分野が非常に多様ですので、なかなかとりまとめるというのは難しいですが、ここで私の方から、いくつか問題提起させていただきたいと思います。

まず一つは、アジアの中の日本ということで、たとえばインド、中国に支えられたアジア経済の成長であったり、生産拠点がアジアへシフトしていくというような、さまざまな動きのある一方で、世界の貧困人口の3分の2がアジアに集中しているという側面もございます。その中で、日本にとって、アジアでの役割は非常に重要です。各先生方には、それではそのアジアの中で、日本がどういう役割を担っていくべきか、その点に関して少しお話をうかがいたいと思います。

小池――

これまた、三つほど申し上げます。この問題を考えていくと、よく思い当たるのですけれど、私はかつて新聞社のシンガポール特派員をやっておりまして、当時のシンガポール首相、リー・クアンユー氏と5、6回インタビューをしたことがあります。ご承知のように、シンガポールというのは、1943年に日本軍に占領されて、名前を昭南島と変えて、リー・クアンユー氏は当時18歳ぐらいの若者ですが、危うく日本軍に殺されそうになりました。その人が戦後、首相になってから「日本を学べ」という政策をとったわけですね。彼はアジアのオピニオンリーダーといわれており、アジアの戦後の政治・経済をずっと見てきた人です。日本に対する良きアドバイザーでもありました。彼が日本について「非軍事経済大国を目指すべきだ」とよく言っていたのを思い出します。「かつて経済大国というのは必ず歴史的にみると軍事大国になったが、戦後の日本は唯一の例外だ」というのですね。「この路線をぜひ守っていただきたい。それがアジアと共生してする道なのだ」と盛んに言っておられました。私はまったく同感で、今でもそれは通じることだと思っています。

そこで第一点、申し上げたいのは、やはり私はハードパワーが大事だと思います。よくソフトパワーの時代だとか、スマートパワーの時代だとか言いますけれど、ハードパワー、すなわち軍事か、経済ですよね。日本は軍事という道はありませんから、したがって、経済というハードパワーを再興することに最大限の努力をすべきです。これが今、一番もとめられている点でしょう。アジアの中では、非軍事経済パワーこそ目指すべきではないか、というのが第一点です。

それから第二点は、よくアジア共同体という議論がされています。前総理の鳩山さんも、東アジア共同体を目指そうじゃないか、という議論をしていたのですけれど。たぶん、そちらの方向にいくと思うのですね。ヨーロッパみたいにはならないかもしれませんけれど、ゆるやかな経済統合はすでに始まっているわけです。

では、このときに日本はどういう位置を占めるのか。よく議論をされるのは、東南アジア諸国連合（ASEAN）10カ国＋3カ国（日中韓）でいくのか、ASEAN10＋6で行くのか、という点です。6というのは、日中韓＋インド、オーストラリア、ニュージーランドです。前者は中国の立場、後者はインドを含め中国をけん制しようという発想で、どちらかというと日本の立場なのです。私はこれから、今もそうでしょうが、主導権争いみたいなことが起こってくると思うのです。

かつてのアジア太平洋経済協力会議（APEC）をつくった時代をもう一度、思い起こすべきだと思います。1989年にアジア太平洋経済協力会議ができたのですね。このとき日本は、リーダーシップを発揮しましたが、ただASEANとかオーストラリアを前面に出していたのですね。つまり、裏方できちっと目標を達成すべきリーダーシップを発揮したのです。こういうリーダーシップのあり方を今一度、考え直す必要があるのではないでしょうか。必ずしも中国と張りあう必要はないということです。中国が経済大国になるのは当たり前で、むしろ中国との共生、あるいはインドとの共生こそ、日本には求められているのです。彼らを前面に立てるようなかたちで東アジア共同体を裏から支えていく、そういうリーダーシップの取り方が今、日本に求められているのではないかと思います。

第三点、これはぜひ皆さんに薦めたい本があります。最近出た本で、キショール・マブバニというシンガポールの元外交官が書いた本なのですけれど、痛烈な西欧批判ですね。タイトルは『「アジア半球」が世界を動かす』という本です。実はこの本もすばらしいのですけれど、この本の解説を国際協力機構（ＪＩＣＡ）理事長の緒方貞子さんが書いてらっしゃいます。40年前であれば、アジアと西洋の架け橋を日本がやれるチャンスがあったかもしれないです。だけれど今の日本にはその力がない、と。これは現実ですね。かなり多くの政治家たちがまだ、日本はアジアと西欧の架け橋ができるのだ、というようなことを言ってますけれども、まず現実を直視すべきで、もう架け橋論は捨て去るべきだ、と私は思います。

柴山――

違った意見を先輩に申し上げるのははなはだ申し訳ないですが、中国もインドも、もうアジアとかという発想は基本的にしていないと思います。彼らはグローバルパワーを目指しているのであって、それがはっきりしているのに、今さらアジア共同体とかいっても、肝心要の中国やインドは相手にしてくれないと思います。

かつてマッカーサーは、これから150年間はアジアの時代になると言いました。すなわちアジアは、地球の真ん中になるということであり、その意味では、アジア戦略というのではなくて、もうグローバル戦略の中で自分たちの立ち位置を決める必要があると思っています。

私の観点からしますと、日本は、アジア市場とアメリカ市場の二つの両輪で、戦前から経済的に成り立ってきたと思います。太平洋国家としての自分たちの立ち位置というのが非常に大切という意見です。これは小池先生の意見に近いのですけれど、旧イギリス連邦系の国々とアメリカを含めたかたちでの、基本的な安全保障の枠組みをつくりながら、なおかつ、平和的な経済発展を中心としたかたちで日本の立ち位置を考えていく、ということが大事だと思います。

その意味では、これまで以上に外交的なしたたかさと、経済における競争者が増えた中で、自分たちがどう優れているのかをアピールすることが大切と思います。もう失われた10年が終わりまして、20年になってしまいました。競争が激しい中で、国力をどう保っていくかができてないと、グランドビジョンを実行する基礎体力すら失われてしまい、ほんとうにダメになってしまいます。今から10年間は、ある意味、質の勝負だと考えています。その意味では、政治家のリーダーシップを待って、あれがこうだ、これがどうだ、と言っていると終わってしまいますので、とにかく自分が前に立つ勇気をもち、ありとあらゆる分野でがんばるしか道はないと思っております。

鈴木――

もう一昔前の話ですけれども、世界的に著名なオックスフォード大学の歴史学者に、ジョーン・M・ロバーツという教授がおられました。その先生がおっしゃった言葉にこういうのがあります。１８３９年から42年に大英帝国は清国を相手どって第一次アヘン戦争を起こしました。その結果、清国は完全にイギリスに屈し、治外法権の付与と関税自主権の喪失という不平等条約を押しつけられました。この不平等条約こそ、日本が幕末に開国を迫られたときに結ばされた「不平等条約」の種本になったものです。それで、ロバーツ教授は、１８３９年から始まったアヘン戦争こそ、アジアと西洋との間に起こった１００年戦争の始まりなのだと言うわけです。大東亜戦争で日本は、その１００年戦争に負けたわけです。そこで、現在の民主党なんて、キャッチフレーズばっかりで、実体のないＰＲ専門家集団です。東アジア共同体といっても中味なんて、まったくわかりません。これは大東亜共栄圏のスローガンの焼き直しで新味はまったくなし。どうして、日本が大東亜共栄圏を謳い、大東亜新秩序というものをうち立てようとしたのか。にもかかわらず、なぜ戦いに負けたか、という経験的な再吟味がまったく不在です。「大東亜新秩序」というのは、植民地宗主国の主権の回復を唱えた米英の「大西洋憲章」に対抗するために出されたものです。当時の東アジアは、ほとんどヨーロッパ列強の植民地であるか、特殊権益の租借地であって、その中で日本とアメリカは新興国家であったのです。その二大新興国家が太平洋をはさんで対峙したのです。そして、日本はその勢力確立競争に敗れたのです。現在のグローバリゼーションのもとで、民主党の「東アジア共同体」なんていうのは、裏庭で日向ぼっこをしながら自分の庭遊びをする程度の話であって、日本がその共同体の指導国家になることだけが、昔と今の唯一の共通項です。その陽の当たる庭で、なぜ陽が当たっているのかも考えずにです。のん気なものです。現在、アメリカを抜きにして、日本の政治も、経済も、日本の外交も、いわんや日本の防衛も、なんら動きません。

鈴木英輔

昔すごい日本の思想家がいました。大川周明という偉い人です。その人が問題にしてたのは、支那と日本とインドの三つの東アジア文化圏を融合すれば、世に誇れるたくましい大東亜秩序ができ上がるだろうとビジョンを描いたのです。ところが、インド、日本、中国の三大文明を融合することを成し遂げる前に、米国との戦いに敗れてしまい、大川周明のヴィジョンも水泡のごとく消え去りました。それでも現在、「東アジア共同体」としての絵を描くときに、日本の敗戦後、自他ともに太平洋国家とよぶ大国のアメリカ不在で、アメリカをいっしょに組入れていかないで、そんな「共同体」なんて、できるわけないだろうと私は考えます。まして、EU、ヨーロッパ連合を考えれば、それぞれの民族が、千何百年という大きな歴史の流れの中で、いろいろな文化と多様な宗教が競合し角逐し合いながらも、一つの文明の創造に参加したという経験を共有しています。そうした諸民族がいて、その雄大なドラマの舞台がヨーロッパであったということから、はじめて出てくる話なのです。単に宗教は、新・旧は別にしても、同じキリスト教だとか、ヨーロッパにはいろいろな小さくても長い歴史をもっている国々が多く存在していて、お互いに角逐し合い、それぞれ違った言葉を別々に話している社会と考えがちですけれども、ヨーロッパの共通言語は中世よりも、もっと古くからあるラテン語なのです。

それと比べれば、東アジアの諸国で共有した経験などは存在しないのです。ましてや共有している言語などはありません。ヨーロッパ連合を支えるような基盤が、日本を含めて東アジア共同体の構成員になるような国にはいっさいありません。もしあえて、あると言うならば、華夷秩序の中での冊封体制のもとでの朝貢の経験です。冊封・朝貢の経験は無意識の深層では非常に大事なことであって、北朝鮮対中国、韓国対米国、日本対米国と冊封を受けている小国は、その国民も同じように、宗主国（中国でも米国でも）に対して朝貢をしているという意識が欠落しています。というわけで、実態は属国にもかかわらず、独立国としての気概も責任も放棄していることは棚に上げて、「より対等な日米関係」を提唱する無責任さに表れています。

そういうわけで、やはり無責任な口先だけの宣伝文句やギミックに踊らされないように、マニフェストに踊らされないように、誰が選挙に出ているのか、どの人を選ぶべきか、選挙する人間の資質をここでもう一回、問うて、自分の権利を行使すべきだと思います。

久保田――

今、鈴木英輔先生が議論されたことを実は私、キッピーモールで東アジア共同体の話をしましたので、その繰り返しをちょっとだけさせていただいて、次に進ませていただきます。

鈴木先生が言われたように、東アジア共同体というのは中味が何か、というところですね。一番大事なことは、中国が東アジア共同体と言い出したのは、アメリカを外そうということですから、アメリカは当然、反発してくるということですね。日本が世界の中で、自分の存在、国民を守らなければなりませんから、国民を守るに足るだけの発言力をもっていなくてはいけません。そのような発言力を確保するために、どういう外交姿勢をとるべきかというときに、やはり、アメリカというのは外せないであろうということです。

久保田哲夫

先ほど百年戦争に負けたのだという話をされましたが、日本が太平洋戦争にいかなければいけなかった一番大きな原因をさかのぼってみると、やはり日英同盟を破棄したところにありますね。日露戦争のときには、日露戦争に勝つにあたって、イギリスがどれだけ協力をしてくれたのか、これはあまり日本の教科書では教えていないことですが、日英同盟が裏にあって、だいぶ助かっているのです。もう一つ、日露戦争に関しては、アメリカの力が大きかった、そのおかげでなんとか勝ったかたちで終わらせてもらえた、というのは事実ですね。ところが、その後それを破棄しました。第二次世界大戦というか、太平洋戦争に突入するときに、日本の海軍はそれに反対したと言われてますが、実は反対していたのは三羽ガラスです。上の方だけであって、米内光《よないみつ》政《まさ》、山本《やまもと》五十六《いそろく》、井上成美《いのうえしげよし》、この３人で、実は下の部分には、けっこう親ドイツ派が多かったのですね。その理由は何かというと、第一次世界大戦のときに日本は、勝ち組にいたわけですけれど、いろいろ協力をしました。その時にイギリス艦隊の人たちに、日本海軍の人たちはかなり差別的な待遇を受けて頭にきてたらしいですね。そのような人たちが中核になって、イギリス憎しというかたちで、それが陰に陽に作用したような部分があるようなことを聞いております。そういう好き嫌いと、国家百年の計とを一緒にしてはいけません。やはりあのとき、イギリスを切ったらどういうことになるか、ということをきちっと考えなくてはいけなかったですが、できなかったわけです。今の時点でも、アメリカというものと、どうつきあっていくかということは非常に大切な問題です。ちなみに私は、大学紛争のさなかに学生をしていましたから、あの当時の日本のムードはよく知っております。あのころ、アメリカと仲良くやっていくのだと言ったら、それこそ周り中からどんなに反発があったかということは今の皆さん方には想像つかないと思いますが、命の危険があったような状況です。

その時に非常に心配した山本七平という人が、理念と現実が食い違っているときに、その理念を押しつけると結局、国が滅びると主張しています。これは、紀元直後のユダヤの崩壊の例を出して、説明してるわけですが、日本はあのときはその瀬戸際にあったのですね。今も真剣な議論でなくて、理念的な、現実を無視した理論とか、そういうことで行きかねないムードをもった国ですが、現実に即した、足に地をつけた議論ができるような、そういう国際外交の意味も含まれるわけですが、そういう国になってほしいという気がします。

古川――

アジアの中の日本というふうに考えると、現在、食料を含むさまざまな原材料を、それから日本企業のかかわっている製造を、多くのアジアの企業もしくはさまざまな人びとにたよっています。たとえば、食品関係の企業を考えてみても、一時期、中国産の食料品がいろいろと問題があるので、買わないとか買いたくないとか、というようなこともあったかと思いますが、中国からの食料品材料を輸入中止しまった場合には、たぶんもう、われわれは食べるものの大半を失ってしまうのではないかと思います。たぶん、皆さんがふだんよく食べているものは、みんな値段が倍ぐらいになる可能性があるし、あまり供給されなくなってしまう可能性もあります。

それから、アパレル関係、ユニクロ等の安くて質の良いものも、ほとんどが中国で製造されています。さらには中国を超えてベトナムあたりにもどんどん進出しています。家電メーカも最新モデルは日本で作っていることが多いですけれども、廉価版の普及モデルになったものは、タイやマレーシア、シンガポールあたりに工場を建てて、そこで作ったものを、日本だけでなく世界に供給するというようなことが現状となっています。ですから、日本が戦後に伸びてきたときに、蓄積した製造技術等をアジアの企業に提供して、そこで製品を作ってもらって、それを世界的に展開するという方法をずっとやってきたわけですが、その結果、アジア諸国の技術力が上がって、日本を脅かし始めているというような話もあるわけです。

ただ、日本は戦後、アメリカ、ヨーロッパから学び、彼らはおしげもなくいろんなことを教えてくれました。それを自らが改善して、またそれを自分たちのものとしていったわけなのです。アジアのそれぞれの企業

古川靖洋

が力をつけていった場合に、そこから刺激を受けて、さらに前を目指すというぐらいの心構えがなければ、日本の企業は本当にダメになってしまうのではないかなというふうな気がします。ただ現在の状況を見るかぎりでは、まだまだアジア諸国の企業と競争していこうという気構えが感じられるので、その点では、私はまだそんなに悲観的ではないです。

それから、もう一つ、日本の企業がアジアの中で貢献できるとすれば、それは環境対策の面だろうと思います。中国に行かれた方はわかると思いますが、大気汚染だとか水質汚染というは、すさまじくひどいものがあります。そういうものがスモッグを引き起こして、九州の方に流れてきているということも、もちろん現在、あるわけです。こういう環境対策の技術は、日本は１９７０年代ぐらいから順次、取り組んできて、世界的レベルで見ても非常に高い水準にあります。ただし、お金はかかります。

そのような環境対策をやはり発展途上国に求めても、経済的な余裕がありません。「日本企業はさんざんこれまで、環境対策をしないで儲けてきたじゃないか。だから、今度は私たちが儲ける番だから黙っていてくれ」というようなことを平気で言う企業も多いと聞いています。ただ、そこでやはり、メインの技術協力だけではなくて、環境対策等にかかわる技術を積極的に伝えていく必要があります。そして、環境対策の重要性を伝えていかなければ、その後どんな悪いことが起こるか、ということも伝える必要があります。これはもう日本も充分にいままで体験してきたことです。ですから、そこまで含めてのアジアの中でのリーダーシップをとらなければいけないのではないかと考えています。

3　日本がリーダーシップをとるために

今、先生方のお話の中で、たとえば、国力であるとか、日本の指導力、発信力、あと、政策プロセスや実行のスピードなど、いろいろな面で問題があげられましたが、ここで、それぞれの先生方のご専門の立場から、日本が今後、世界の中でリーダーシップを発揮したり、影響力、発言力を出していくためには何が必要なのか、逆に何が欠けていて、どういうところが問題なのか、という点に関して少しお話をいただきたいと思います。

小池――

これも二点、三点申し上げたい。日本がリーダーシップを振るうべきかどうかはあとで別途、議論があるでしょう。

日本の発信力が低下しているのは事実だと思います。これは何とかしなくてはいけません。ちょっと例をあげたいのですが、過去10年ほど、世界経済フォーラムという、世界的な大企業の会長、社長とか、政治家とか、官僚が集まるネットワーク組織があるのですけれど、その年次総会に出ておりました。近年、驚くことなのですが、日本の場合、政治家のプレゼンスが低い、経済人もそうなのです。

かつて、経済人には英語で丁々発止できる人がいたのですね。富士ゼロックスの小林陽太郎さん――経済同友会の代表幹事をやられましたね――とか、日本ＩＢＭの北城恪太郎《きたしろかくたろう》さんとか、いろんな方がいらっしゃったけれども、今ほぼゼロなのですね。唯一の例外が、武田薬品工業社長の長谷川閑史《はせがわやすちか》さんぐらいかなと思うのですけれど。国際会議の舞台で日本を代表して、日本のことを英語で説明し、それに対して議論のでき、受け答えのできる人がいなくなっています。政治家にはもともといませんし、その意味で、発信力の低下というのは著しいものがあります。それに比べると、残念ながらというか、中国とかインドとか、韓国の方々の発信力は、非常に高まってきています。ですから、これはおそらく英語の教育だけの問題ではないと思うのですね。おそらく政治家とか、あるいは企業人の選ばれ方、たとえば企業でも、社長の選ばれ方、会長の選ばれ方にもかかわってくる問題だと思うのですね。特に政治家の場合について申し上げますと、冒頭に指摘しましたように能力以外の基準で選ばれる指導者が、日本の場合、多いですよね。さっき言いました毛並みだとか、ブランドとかで選ばれています。そういう人たちの方が日本の社会ではおさまりがよいのでしょう。

諸外国の場合はどうか。たとえば、アメリカの場合は大統領がつくられるというごとく、1年半の大統領選挙の過程で、候補者は政策についても、これでもかというほど勉強させられるわけです。イギリスの場合は、党を代表しての国家議員の候補になるためには、党の試験を受けなければなりません。筆記試験どころか、プレゼンテーションの試験も受けなくてはならないというのです。

日本はどうかというと、能力をもとに選ばれてないことが多いと思います。そこから変えていかなくてはなりません。具体論から申し上げますと、たとえば今でも議論が少し出ていますが、世襲はやはりやめるべきだと考えます。あるいは世襲については制限を厳しくすることです。本当に能力のある人、資質をもっている人は、日本にはたくさんいると思うのです。そういう人が出てくるような政治システム、あるいは社会のあり方、雰囲気にする必要があるでしょう。

その関連でもう一つ申し上げますと、やはりアメリカ型の政治任命（任用）制度（political appointee,

Political Appointment System）、これをもう少し活用すべきだと思います。民間や学界には優秀な方が多いので、そういう方々の能力をもっと使うことで日本の発信力を上げるべきです。それから、日本の国際的プレゼンスを上げるということは可能なのですね。

たとえば大使人事ですが、最近、中国大使に丹羽宇一朗《にわういちろう》さんという伊藤忠の社長、会長をなさった方が任命されました。それはアメリカ型政治任命制の典型例かもしれません。

本来ならもっとできるのですね。アメリカから日本にきている大使のかなりの人たちは、いわゆる外務官僚ではありません。日本の場合は、各国で日本を代表する大使の人たちはほとんど外務官僚です。こんなおかしな話はないですね。その国で、日本を代表するベストの人がいつも外務官僚である確率はおそらくゼロに近いのではないでしょうか。ということは能力、識見以外のルールで選ばれている、つまり外務省の人事ローテーションの一環として大使が選ばれているのです。どう考えても、そんなバカな話はありえないですね。

これを直そうと思えば、今すぐにだってできますよ。これはもう政治的決断一つです。菅さんがこれから、アメリカやほかの主要国でも同じようなことをするのです。少なくとも、もう少し小さな規模の大使だったら、その国に一番ふさわしい、その国と日本との架け橋をやれる人はたくさんいますから、そういう人を選ぶのです。ここから、まず実行するべきです。

それから閣僚にも、民間人を登用すべきです。民間人なら誰でも良いというわけではありませんけれど、ほんとうに能力のある人物はいますから、そういう人たちを閣僚にするのです。今の憲法上、閣僚の過半数は国会議員でなければならないのですが、逆に言うと今だったら、８人ぐらいまでは民間人でもかまわないのですね。法的な問題は何もない。ですから今、日本が国際的に沈没しつつあるとか、発信力がなくなっているというのであれば、発信力のある人を閣僚に就ければいいのですよ。たとえば、竹中平蔵さんみたい人をもう一回、閣僚に登用しても良いし、国際問題担当の副首相にしても良いでしょう。

最後に一つだけ。一つの考え方としては、たとえば首相官邸にインターナショナル・アドバイザリー・グループを設けるのはどうでしょうか。今、東大がやっていますよね。これを日本国政府、官邸、あるいは首相自らがやればいいのですよ。それによって多少とも、グローバルなことも理解できるような体制ができてくるのではないかと思っています。

小西（司会）――今日は、西本先生がいらっしゃらないのが非常に残念ですが、アジアの世界各国でも、世襲制の中でリーダーシップをとっている方もいるため、西本先生は世襲制に関しましては、わりとポジティブな意見をもっておられます。日本特有の政治家をつくりあげるプロセスという点では、小池先生と同じような問題点を指摘されるかとも思いますが、この話題に関しては、また別の機会にお話をさせていただきたいと思います。

柴山――

実は、日本が過去20年間、30年間の間にがんばってきたのは大学です。２００９年の世界の大学ランキングのトップ１００番のうちに、名前は言いませんが、東京の方にある某Ｔ大学を初めとしまして、４校入っているのです。その上の方の４校はみな一つの大問題があって、それは留学生が、国際交流が不十分というところがマイナス要因になっています。もっと上位に上がれたという意味です。

理系だけではなくて、文系も過去30年間でレベルアップしておりまして、これがそのまま英語に翻訳されれば、英米の研究レベルと遜色がない研究もけっこう出てくる時代になりました。もちろん、それを追いかけられている方もいます。今度は理系の話ですが、私の友人の某K大学の研究者はこう言っておりました。生物の化学研究分野では、日本が2とか3とかの研究チームを用意すると、中国はアメリカで博士号をとった人たちに破格の研究資金を与え、チーム数を10倍ぐらいの20とか30にするのだそうです。正直な話、まだびっくりした成果は出ていないのですが、これを彼らが続けられるとすれば、こんにちアメリカや日本が争っている分野に、中国やインドがたぶん出てくると予想されます。

日本の学問は、かなりポテンシャルをもっていますが、発信力で弱点を抱えています。それを何とかしなくてはならないですね。この壁をうまく乗り越えれば、日本の学問が日本の元気をけん引できるかもしれません。具体的には、英語の問題で一刻も早く、できて当たり前のレベルに到達する必要があります。

鈴木――まず、ノーベル賞の話に関してひと言申し上げたいです。いかに日本の意思決定プロセスがおかしいかという話なのです。日本のノーベル賞を受賞した人で、その前に日本の文化賞を受賞した人はいないのです。本来ならば文化賞の受賞対象にならないのだけど、ノーベル賞を受賞したのだから、ということでもらうわけです。どこかに価値の基準が狂ってるのだと思うのです。日本の考え方と、判断の仕方と、何を基準にしてものを考えるかという思考の回路に齟齬《そご》があります。たぶん、私は近い将来に村上春樹はノーベル賞をもらうと思うのですね。そのあとに彼は文化賞をもらうようになるのでしょう。そのように日本の思考回路というのは、特異なのです。

もっとも、国際政治学者のサミュエル・ハンティントン教授が言ってますけれど「日本はユニークなのだ」「特異で特殊なのだ」「日本という国は、日本という文明をもっていて、それを共有する国は、ほかにただ一つの国も存在しないのだ、したがって、日本はいつも孤独なのだ」というわけで、孤独を楽しむ人間も良いと思うのですが、やはり国際関係というのはその国の一般的な国力を反映しますから、その力をつけないかぎり、日本の外交も国際関係もたくましい姿を出すことはないと思います。

それで何をすべきか。七年かかって人工衛星が地球に戻ってきて、その快挙を読んで感激した皆さん、われわれ全員を含めて「はやぶさ」の快挙にみるように、その工業力、技術力をもっている日本に対して、また、そのニュースを読めば、聞けば、誰しもが喜び、誇りに思うことでしょう。さらにサムライ・ブルーがサッカーの世界チャンピオンシップで、あれほどの活躍をしたことに関して、喜び、誇りに思い、単純に同胞の快挙に歓喜して誇りに思うことでしょう。それが国力の醸成に貢献し、さらなる増進発達につながると思います。国民としての一体感をまたつくりあげて、経済の活性化と再興のためにもなると思います。そういうわけで、やはり日本の敗戦後社会の、意志の喪失、たくましさの喪失、それを取り戻すために過去を悪いことも良いことも一体として、過去をもう一度、取り戻すことだと私は思います。

久保田――

先ほどの小西先生が、西本先生がおられたらと言われましたが、その西本先生とお話をしたことがありますので、その話をまとめ、それについて私の立場から仲裁をさせていただこうと思います。

西本先生はそれこそ、たたき上げでアジア開発銀行から国連へというかたちで、外交の世界を歩いてこられた方で、世界中のいろいろな人に出会われるわけです。親の代から外交官、あるいはもっと前から外交官をやっていて、もう生まれたときから、そういう空気の中で育ってきた人たちは、たたき上げではもてないような何かをもっているような気がする、ということを言っておられたのですね。そう言いながら、実はその中で奮闘してきたのだという誇りも感じながら、私は聞いていたわけです。

たしかに、ほんとうにそういうことってありますね。たとえば日本でも、柏木雄介という方がおられます。この方は東京銀行の頭取をされておられた方で、その前の大蔵省の立場で、ニクソンショックのときに大蔵省の中心になって、通貨外交をやられた方ですが、お父さんも東京銀行の頭取です。実は息子さんも今、財務省でもう中堅より上のところにいっておられると思いますが、そういう中で育たれて、それなりの生まれたときからの何かを感じられて育った方なのだろうなという気がします。問題はですね。今の日本でそういう空気で育った人が、それだけの使命感をもって伸びてないという部分がやはりあるようですね。ですから、使命感をもって、それだけがんばればというのに、親の七光りに甘えた部分があって、というマイナス面があるのかもしれません。

もう一つは、実は一番大きな問題は、若い人たちが「どうせ無理だ」とあきらめてしまうことです。努力したってそんなところに自分たちがいけるわけないのだから、それぐらいだったら、自分たちは楽に暮らした方が良いというふうに思っています。

最近、ゼミで格差の問題などをとりあげて議論しております。今の若い女性のファッションの一部に、どうせ自分たちは先がないのだから、この世を楽しもうよと。努力したっても仕方ないのだというような服装があるのだという説があって、それがほんとうかどうか検証したりしておりました。事実として、若い人たちが希望を失っているのは確かですね。でも、よし這い上がってみせるという人たちも、またそういう地位にあって、ずっとその空気で育って、その使命感をもってその親を継いでいくというような人たちも、両方無いと日本が伸びていかないのに、両方とも無くなっていってるような、そういう今の日本の落ちていくムードを感じます。若い人たちが希望をもって、がんばって努力して上にいってみせる、とそういう力をぜひ見たいと思っております。死ぬまでに見れるかどうかということですが。

古川――

若い人が希望をもてないとか、世襲の問題とかあるのですが、世襲の人がとりあげられるのは、マスコミの問題もあると思います。ですから、まだ一期目の世襲議員なんかのところへマスコミがいって「どうですか」って。もうそれだけで、急に本人も偉くなってしまったような感じになってしまって、一所懸命やっている他の人は評価されないということもあるのかもしれません。

いままでの日本のそういうような評価システムというのは、博士号なんかも含めてなのですけれど、ごくろうさん賞みたいなものが多く、長い間、非常に一所懸命やったから評価しましょうというようなことが多かったわけです。それに対して、そういう考え方はいけないというので、もっと若いうちから成果を上げた人には、賞や勲章を出そうという考え方も出てきていると思います。でもそういうような日本の評価システムに嫌気を感じて、海外に出ていってしまうという方も中にはいらっしゃるわけですね。

ノーベル賞の話がさっき出ていましたけれど、今後ノーベル賞をとりそうな人がカリフォルニア大学サンタバーバラ校の中村教授です。彼は日亜化学に勤務しているとき、青色発光ダイオードを開発しました。彼の場合は、日亜化学で長い間、青色発光ダイオードの研究をして、それを日亜化学は製品化をして世界で初めて青色発光ダイオードの量産化に成功したのです。それで日亜化学は大儲けしたわけなのですが、本人の評価はあまり高くなく、せっかくそんな画期的なものを出したのに、これっぽっちしかもらえないのかということで、訴訟を起こして結局は海外に出ていってしまいました。中心的にやった人とサポートした人を、ほぼ同等のグループとして評価をするというのは、伝統的な評価方法です。今でも画期的な技術を開発しても、個人としては評価せず、特許をとった場合、それは会社に所属するとかというようなことを多くの企業がやっています。ですから、それが嫌だという人はやはり海外に行ってしまい、すばらしい能力が流出してしまうのです。やはりそういうところは今後どうするかというのは、もっと真剣に企業側も考えなくてはいけないのだと思います。

ノーベル賞を民間企業クラスでとったというのは、アメリカ、ヨーロッパにはいっぱいあります。日本の民間企業でとったのは、田中耕一さん一人です。あとは全部、大学の先生なのです。ですから、民間企業だって一所懸命、研究開発すれば、もちろんちゃんと見てくれる人は見てくれるのだということが明らかになったわけです。

ただ、今後の将来に対して心配なのは、そういうふうな一般的に大学レベルでやっているような基礎研究なのですが、なかなか利益につながらないというので、企業レベルではどんどん縮小されています。これは非常に日本の企業にとっては懸念すべきことで、基礎研究部門がなくなってしまうと、そのあとの開発研究にはつながっていかないわけです。２０００年以降、10年ぐらいたっていますけれども、新製品開発を重視するという企業がものすごく減っていて、やはり目先の利益を確保するということで、やはりコストダウンであるとか、利益確保というようなものを企業目標としている企業が多くなっています。それが、一時的に利益が出ないと企業の存続が難しくなるということはよくわかるのですけれども、非常に長い間、続いてしまうと、その次に何か画期的な新製品を出して世界にアピールしていこうというときに、種までなくなってしまう可能性があるわけです。もちろん一所懸命やっている人はいっぱいいらっしゃるので、そういう人たちの努力を無にしないように今、企業行動を進めていってもらいたいと思います。それが企業レベルでのノーベル賞獲得というところにつながってくるのではないかなと思います。文化勲章はそのあとでもいいのかもしれないですけれど。以上でございます。

4　おわりにひと言

議論も深まってまいりましたが、時間の方が非常に限られておりますので、これからまとめに入らせていただきます。皆さんのお話の中で、共通の部分としましては、それぞれの分野での透明性というか、正確な情報を開示するようなシステム、あと情報を受ける側の市民、学生も含めて私たちが正確な情報を得て判断をして、行動を積極的に起こしていく、やる気を出して勇気をもって行動をおこしていくというところが非常に重要な気がします。その点に関しても、最後に、先生方お一人にひと言づつ、何かつけ加える点等ございましたら、小池先生からよろしくお願いします。

小池――

さきほど、言い忘れたことを申し上げたいと思います。世界経済フォーラムの年次総会は、スイスのダボスで開かれるものですから「ダボス会議」というのですけれど、これは日本とか、あるいは企業もそうなのですけれど、日本をアピールする絶好のチャンスなのです。日本の政治家とかは、距離が遠いだけではなくて国会開会中なので、なかなか行きにくいですね。国会開会中は、なかなか国会議員は外遊できないのです。これは改めなくてはいけません。これは竹中平蔵さんがかねてから言っていたことで、私もまったく同感なのですけれど、国会を「ダボス休戦」にすべきです。与野党がこの時期は論戦をやめて、ダボス会議に行きやすいようにするということですね。ダボス会議は国がアピールできる絶好のチャンスです。このチャンスを逃してはいけません。これはお金に換えられないような大きな価値があると思います。

それともう一つ。外務大臣は国際会議に出よ、と言いたいですね。日本の外務大臣は、日本の国会開会中は出られません。日本では、国会に出ることが外務大臣の仕事なのです。外国の場合は国会開会中でも、外務大臣は国際会議に出ます。では国会はどうするかというと、副大臣が出席するのですね。やろうと思えば、そういうシステムに日本はすぐ変えられるのです。これを今すぐでもやることです。これを是非お願いしたいと私は思います。

柴山――

大学の話ですが、アメリカの大学の先生には入試業務が課されていません。そこが日本の場合と大きく異なります。それゆえ、先生方は研究・教育に集中できます。そこはすごく有利だと思います。お互いが、誰々さんが本を出したとか、誰々さんのこんな研究が面白いとか、お互いに関心をもちあい、刺激しあっているのです。教育においても不必要な過重を避けるようにしています。各クラスにはＴＡとよばれる授業助手がおり、彼らが試験の採点補助、出席も、宿題をこなしているかどうかも全部ＴＡがチェックしていきます。先生は全般的な監督を行うだけです。結果として、先生は教育内容に集中できます。時間的に楽になった分は、研究や社会貢献にというわけです。日本の大学の先生方は、私から見ますと、ほんとうに一所懸命やってらっしゃると思います。校務をこなして入試業務をやって、実は陰で入試問題までも作成して、これではたして一番脂がのっているところで、自分の研究がやれるのでしょうか？　せっかくいいポテンシャルをもっているので、さらに日本が伸びるためには、こうした面でも必要な対応があるはずです。

鈴木——
私は携帯電話を二つ持っているのです。これはエクスペディア、ソニー・エリクソン製。これのサーバーはマニラからローミングされてるものです。もう一つのほうはソフトバンクのアイホーン、これは基本的には日本でしか使えないですよ。電話を外国にかけることはできるのですけれど、ショートメッセージを送れないです。相手がソフトバンクの持ち主でないと、完全にダメ。マニラからローミングしているほうはどこでも誰にも発信できます。

それと日本では、携帯電話はサーバーの、ソフトバンクとか、ドコモだとか、ＡＵだとか、そこに行って使用契約をしなければ携帯電話を買うことができません。そういうことにまったく疑問をもたない消費者に驚きます。これは私にはまったくわかりません。それとＳＩＭカードがロックされていて、ほかのサーバーに通用できないことも。高いお金を払って、それを平気で今も使ってる人たちの考えが不思議でしょうがないです。そういうことがまったく私には理解できません。そういうわけで、日本の社会は自己完結的閉鎖社会です。いま起きていることは、ダーウィンが行ったガラパゴス諸島に住むイグアナと同じで、日本国内だけの思考回路で進歩していて海外で利用できないという排他性があります。完全に日本の社会はガラパゴス化しているわけです（吉川尚宏『ガラパゴス化する日本』、講談社現代新書、２０１０年）。消費者の人たちがこれをおかしい、と考えないという自己陶酔から目覚めて、これからどんどん自己完結的な閉鎖社会から、抜け出すことが一番良いと思います。

久保田——

いろんな話が出ましたが、情報の開示ということで、私は自分の関心から言います。実はこれは、そこにおられる中条先生からお話してもらった方がいいような話なのですが、非常に私は危機感をもっています。それは何かと言うと、インターネットで、学生もそうですが、レポートなんか出すと、カット・アンド・ペーストして出すということで、それをいかに防ぐかということが、大学では課題になっているという状況のことです。インターネットで情報を集めるという、ものすごく大きな変革が今、進んでいますね。

しかしながら、問題はまず第一に、そのおかげで新聞とかテレビとか、そういうものが完全に崩壊状態になっているのです。アメリカではどんどん新聞がつぶれてますが、これから先、新聞がほんとうに残っていくのでしょうか。第一残っているとしても、今の新聞そのものがどうも世の中の情報をきちっと伝えているかというと、かなりバイアスがかかっているような気がするのですね。ほんとうに質のいい、バランスのとれた情報をどうやったら手に入れられるかということが問題ですが、それができなくなりはしないかという気がしています。良い情報を手に入れるためには、やはりけっこう手間ひまかかるわけです。これは金もかかるわけです。しかし、その金は誰も出してくれないとなると、これからどうなるのだろうかということですね。これまでは新聞が、それこそ小池先生はその最前線におられたわけですけれども、いろんなヒューマン・ネットワークをつくって、情報をつくってきたわけですよね。

「ググれカス（ｇｇｒｋｓ）」という言葉があるのだそうです。変なことを質問すると、「おまえ、そんなことを聞く前にまず、グーグルでちゃんと検索してから、ものを言え」だそうです。こんな怖い話はないですね。グーグルが情報を隠したら、それは世界中その情報はないことになるということを意味するのですよ。それがどんな怖いことかわかりますか。事実、中国ではある単語では検索ができないということが起こっています。私ども、世界のことを今よく知っていると思っております。それがそうでなくなってくる、しかもなおかつ、そのことに気がつかない、というような時代が来たら、どうなるんでしょうか？　ということです。

古川――　情報に関して言えば、ほんとうにここ20年ぐらいの間にものすごく大きな変化があって、皆さんもインターネットは当たり前というような状況になっているわけです。ですから、久保田先生がおっしゃたように、情報統制等が入ったり、民間企業がそういうことをできるような状況になったりしているし、国家がそれをすることができるようにもなっています。日本ではそういうような情報統制がなされるということは、あまり考えられないだろうけれども、鈴木先生がおっしゃたように、なかなか取捨選択ができない状況が日本にはあると思います。その一方で、さまざまな情報がインターネット上で飛びかっていて、皆さんはその中でほんとうに重要なものは何なのか、ということを見つけ出す必要があります。ある特定のところがそれを言ってるから、鵜呑みにするのではなくて、やはりさまざまな情報を比較して、その中で自分がどう考えるのかということ、そして、正しいものが何なのかということを判断できる力を養っていただけたら良いのかなと思います。

[質問タイム]

それぞれの先生方から多様な視点で議論していただきましたが、残りの時間は、会場にいらっしゃる皆様から、ご質問を受けまして、それにパネリストがお答えするかたちにさせていただきたいと思います。それでは、ご質問、ご意見等のございます方は挙手をよろしくお願いいたします。

質問者1　政治のレベルと、選挙民のレベルがイコールだというのはまったく同感です。それで、私たち一般の国民が選挙に向かって動きますときに、私たちの先輩から、4紙ほど新聞を毎日読んでいると自分の正しい意見がいろいろ集約されて、わかっていくと聞いたのですが、今、新聞を読みまして、テレビを見まして、同じ方向のことしか言いませんね。国民がマニフェストを、私もマニフェストを一所懸命、読むのですが、一般の国民が、いろんな情報を正しくまんべんに学ぶ機会がほんとうにないのですね。メディアがいろんな方向を出していただき、正しい方向を出してくれたら、それぞれ個性があって、とるべきところはとって、捨てるべきところは捨てるということになるのだろうと思うのです。だから、その選挙をするに向かって、国民はほんとうに一所懸命に、がんばって挑戦していこうと思ったときに、ほんとうに情報を手に入れるのにどうします？

私、極端に言いますと、情報とは別にしまして、二大政党をやってくれることにおいてバッサリ切るとか、選ぶとか、そういう斬新なことをやれば、国はある程度は進んでいくと思うのですけれど、まずその情報というものを国民がほんとうに正しく知るのには、どうすれば良いのでしょう？　教えてください。

――**鈴木**　それは小池先生にうかがった方が良いと思うのだけれども、ただ一つ、一番良いのは、記者クラブを廃止するべきなのです。

――**小池**　私は35年間、メディア、新聞社におりましたので、多少のバイアスがかかるかもしれませんけれど、多少はお答えできるかなと思います。

記者クラブを廃止するのは大賛成なのですけれど、新聞は、金太郎飴のごとくなってると言う人がけっこう多いのですね。先だっても授

業で、そういう学生の指摘を受けました。私もそうだなと思う面があるのですけれど、よく見ると、昔よりも今は、むしろ社説なんかはトーンが変わってきているのですね。たとえば、小沢一郎氏の政治と金をめぐる事件ですけれども、読売新聞は非常に厳しいですね。反面で、朝日はそうでもなかったりする部分もありました。私の印象が違っているかもしれませんけれど、多少のバリエーションはありますね。ですから、いろんな新聞を読み比べてご覧になる、いろんなテレビを見比べてご覧になる、というのが良いでしょう。最近はインターネットかもしれませんが、それが基本だと思います。あとはご存じの識者の方とか、情報をもってる方とディスカッションしながら自分の意見をまとめていくことです。逆に言うと、それ以外には方法というのはないいんじゃないかなと思うのですね。ですので、あくまでもやはり、ご自分で比べるという行為がぜひとも必要ですね。

そこで私が若干、危機感をもってますのは、新聞社に勤めていたからではないですが、新聞というのは考える素材なのですね。もう、何が起こったかというストレートニュースは、テレビやインターネットでわかりますね。その考える素材を提供するという機能が、新聞社にだんだん弱くなってきています。たとえば、新聞もリストラしなくてはいけない、記者の数も減らさなくてはいけない、となると、さっきおっしゃたような、ほんとうに貴重な情報というのが充分に提供しえてるかどうか、ここが一番気になるところです。これは新聞社の経営者の方々、編集者の方々に考えていただかないといけない問題かなと思います。

質問者2　鈴木先生にお尋ねしたいです。国民総体の質の低下というお話があったと思うのですけれど。その依ってきたる原因が何なのかということと、それはどう対策していけば良いのか、について見解をおっしゃっていただければと思います。

——鈴木　現在、敗戦後の大勢の国民一般の意識として、二重人格者のように分裂しているのだと思います。日本人の人格、あるいはパーソナリティーというものが、一つの日本人の総体としての性格、人格というものが存在しなくて、右は右、左は左、というように分離されたままに思考・行動が起こされて、その過程にいて総合的な接触もエンゲージメントも不在のまま、平行線のままに現在まで来ているのだと思います。そして一方では、昔のものはダメならダメ、制度化するものは制度化するものだけ、ということで、お互い同じ国民として、国の歴史が共有されていないということです。共有ということは、すべて良いのだということでもなし、すべて悪いのだということでもなし、長い歴史の中には、良いことも悪いことも、善意でやったけれどもダメだったとか、最初から権力欲で悪意でやったとか、いろいろあると思うのですね。ただし、良いことも悪いことも国の一体としての歴史であるわけですから、それをもう一度、一つのものとして取り戻し共有することだと私は思います。

私自身の行動としては、私は太平洋戦争という言葉をいっさい使いません。たとえ、悪かったことであっても歴史上の事実として、いろいろ理想に燃えて参加した人もいろいろいるわけですから、私は歴史的事実を受けて、そのまま大東亜戦争と呼びます。

質問者3：学生　先生方、非常に興味深いお話ありがとうございました。いま鈴木先生は、日本と世界の考えの共有することをすごい押していらっしゃいましたけれども、日本の意志決定のプロセスが弱いとか、日本は孤独の国だとおっしゃられて、日本がこれから発展していくためには、戦後社会のたくましさを取り返すために、過去をもう一度、取り戻すとおっしゃられましたが、具体的にはどういうふうにしていったら、過去をもう一度取り戻すことができるとお思いですか。

――鈴木　いろいろ様式というのはあると思うのですけれど、長い歴史は流れているのです。その時の流れを分断することなく、その時の流れの一部として、現在われわれは戦後の世界に生活しているという認識にもとづいて、悪いことであっても、それはそういうことがあったのだと認識し、それを隠蔽することはないと思うのですね。つまり、現在の道徳観念の正悪基準から過去の出来事を判断・評価すべきではないと思います。ましてや、その「過去の真実の探求」のための知的作業に政治が介入して、何が歴史的真実であるかを決定することなどは、思想・言論の自由が無い全体主義国家がやることであって、自由を尊ぶ民主主義国家がやるべきことではないと思います。だから、日本の歴史を一体化したものとして、すべての過去をもう一度取り戻すことだと思います。

――古川　日本史の勉強を高校のときにちゃんとやってないというような問題が、数年前に出ていましたけれど、やはりいろいろと問題を考えるときに、日本の歴史がどうなっているかということを、いわゆる日本史の知識だけではなくて、その大きな流れを知っておくことは重要だと考えています。それぞれの問題が起こったときに、それぞれの首相であるとか、担当の大臣であるとかが、いろいろ状況を考えて、その時々に政策を出したわけです。その表面的な歴史の流れはもちろん知っておくことも大切だし、特定なことは、過去においてはどういうふうに対処したのかとか、なんでこの法律ができたのかとか、そういうようなことをもう一回学び直すことは重要です。それはまた、新たな方向性を見出すときには、一つの知識として役立つのではないかと思います。消費税に関しても、なぜそのような税制が必要なのか、それまではどうなっていたのかを考えることは、個人的には必要だと思っているのですけれど、歴史を学ぶことでそういうこともある程度、はっきりしてくるのではないかなというふうに思います。

質問者４　どうも今日はありがとうございました。まず、小池先生から中国との共生という言葉が出てまいりました。続きまして、久保田先生から知恵を出しましょうと。それから、古川先生から日本の企業の貢献というキーワードですね。それから、柴山先生から外交的したたかさというキーワードが出てきたかと思います。

それで先ほど、カリフォルニア新幹線の話題が出てまいりました。そこに中国も日本もコンペに参加していまして、中国はこともあろうか、日本の新幹線技術を１００％中国の技術だというふうに言っているということで、先ほど出たようなキーワードと、今後、日本がどのようにしていかなければいけないかというところを教えていただけたらなと思います。

――柴山　答えになるかわからないのですけれど、中国と対決する必要はまったくありません。ただ中国が学ぶべきと思うのは、「何が国際的ルールであるか」ということだと思います。中国は「日本はアジアに回帰すべきだ」とさんざん言うのですが、私は「中国は世界に回帰すべきだ」と反論しています。今は、私は楽観的です。私の知人に、日本の会社員をやっており、中国工場でストライキ対策を担当している者がおります。彼によれば、過去10年間に、中国は国際ルールを非常によく学んできたといいます。かつてのわかりにくい中国的慣行からは卒業していると言っています。

ただ、彼らがグローバル・スタンダードを完全に満足させるには、時間がかかると思います。すべてはラーニング・プロセスであって、世界から指摘され、それに合わせることで利益が生まれることを知るというプロセスをつうじて、中国は大きな花を咲かせると思います。近視眼的な中国批判は問題外です。

その意味で、日本はやさしさをもたないといけません。と同時に、どう具体的にゲームをやれば、彼らがグローバル・スタンダードにきちっとはまってきて、そしてそれがまた、私たちのプラスになるように機能するか、を考えなくてはなりません。その意味では、これまで以上に、単に「中国は脅威だ」というようないい加減なことを言うのではなく、言い切りになるのではなく、むしろ、日本には胆力と言いますか、自分をコントロールすることが必要です。そして、世界のスタンダードというものを信じながら、その中で、どうゲームをやればうまくいくかを示すことが必要です。言い方が悪いですが、隠れたリーダーシップの発揮です。表に出して格好良く振るまって喜ぶのではなくて、ほんとうにみんなのプラスになるには何をすべきかを考えるのです。知識も、そのために単に役立つというレベルではなく、したたかさを含み、でも陰では愛がある温かみのある、そんな深みのある知識をわれわれは開拓・獲得しなければならないと思います。洗練されたソフト・パワー用知識というとわかりやすいかもしれません。

——久保田　よろしいですか。今の意見に反対な部分をちょっと。国際化というのは、先ほど言いましたグローバル・スタンダードに合わせていくということですね。それは主張すべきことはきちっと主張するということですよ。はっきり言います。日本人にとっては、こんな下品な嫌なことはないのです。私、嫌いです。だから、国際化したくはありません。ですが、国は国として、国民を守ろうと思えば、下品であろうがなんであろうが、そのグローバル・スタンダードに合わせないと守れませんから、その立場になったら仕方がないので、きちっと主張すべきことは主張していくことです。論争になるでしょう。その論争の中で、きちっと主張したうえで相手を論破していく力が必要です。それを相手を傷つけないためにとか、相手はわかってくれるだろうとか、それは国際社会では通用しません。

一番典型的な例が、昔ありました柔道の試合で、審判がまちがったというのがありましたね。日本の人たちはみんな、ルールとして審判がまちがっている、日本が勝ったのだと言っていましたが、その時に言わないとダメなのです。いったん選手が上から降りたら、もうその判定はくつがえりません。しかも、なおかつその選手が何と言った。「私が弱かったから負けたのです」。これは日本としてはよくわかる話です。もっと強くて、絶対に誰が見てもまちがえないような勝ち方すれば良かったのです。私が力がないために、ルールをよく知らない人には勝ちがよくわからなかった、という意味でしょうが、社会はそうとりません。世界は「本人も認めているじゃないか、あれは誤審ではなかったのだ」と、それで終わってしまいます。今でもそのまま残っています。そうならないように国際社会では、どういうルールが動いているか、そのルールをきちっと見たうえで、それに合わせて自分たちの国民を守るだけの知恵を政治家はもとめられているのですね。そういうことで、特に反対という部分ではないのですけれど、やはり言っておかないといけないことだと思いましたので、つけ加えさせていただきました。

ありがとうございます。さらに深く、皆さんからのご質問をいただいて、議論を進めていければと思うのですが、時間がもう20分ちかくオーバーしておりますので、今回の公開講座を締めさせていただきます。皆さまには、大変お忙しいところ、会場まで足をお運びいただきまして、本当にありがとうございました。

総合政策学部は、今後も、このような市民の皆さまとの交流を、連続公開講座を通して進めてまいりたいと思います。今後ともぜひ、ご支援の方をよろしくお願いいたします。

久保田 哲夫（くぼた　てつお）……（連続公開講座 第5回）
1948年生。関西学院大学経済学部卒業。同大学院経済学研究科博士課程修了（国際金融論専攻）
1975年　同経済学部助手。現在、同総合政策学部教授
専門：国際金融論
〈著作・論文〉
『為替レートと金融政策』日本評論社　1988
『国際金融論入門』第3版　昭和堂　2008

古川 靖洋（ふるかわ　やすひろ）……（連続公開講座 第6回）
1962年生。慶應義塾大学大学院商学研究科後期博士課程修了。博士（商学）
2003年～　関西学院大学総合政策学部教授
専門：計量経営学。オフィスの生産性やホワイトカラーの生産性について、実証的なデータに基づき多角的に分析
〈著作・論文〉
『創造的オフィス環境』 千倉書房　2002
『情報社会の生産性向上要因』 千倉書房　2006
〈活動・受賞等〉
経済産業省、環境省、総務省、厚生省などの政府委員を歴任

小西 尚実（こにし　なおみ）……（連続公開講座 第7回コーディネータ）
1969年生。京都大学大学院経済学研究科修士課程修了。London School of Economics (人事労務管理修士)。国連 ILO ジュネーヴ本部、外資系企業、アジア開発銀行マニラ本部勤務。アジア開発銀行では、国際公務員の採用、教育訓練担当の後、総裁補佐官 (Advisor to thePresident) として組織の戦略、政策決定プロセスに携わる。
2008年～　関西学院大学国際協力教育センター、2009年～　同総合政策学部准教授
専門：途上国の人材開発政策、組織における人材育成、教育訓練、Diversity Management

執筆者略歴

小池 洋次（こいけ ひろつぐ）……（連続公開講座 第1回）
1950年生。1974年、横浜国立大学経済学部卒業。日本経済新聞社入社。シンガポール支局長、ワシントン支局長、国際部長、日経ヨーロッパ社長、論説副委員長などを歴任
2009年～ 関西学院大学総合政策学部教授
専門：政策形成過程論、アメリカ政策研究
〈著作・論文〉
『アジア太平洋新論』日本経済新聞社 1993
『政策形成の日米比較』中央公論新社 1999
『政策形成』（編著）ミネルヴァ書房 2010 など
〈活動・受賞等〉
2000～06年 総合研究開発機構（NIRA）理事
2004～10年 日本公共政策学会理事
2007～08年 英ケンブリッジ大クレアホール・アソシエート

柴山 太（しばやま ふとし）……（連続公開講座 第2回）
1955年生。エール大学 Ph.D。愛知学院大学教授
2009年～ 関西学院大学総合政策学部教授
専門：米英日の軍事外交史、安全保障論
〈著作・論文〉
『日本再軍備への道 1945～54年』ミネルヴァ書房 2010

西本 昌二（にしもと しょうじ）……（連続公開講座 第3回）
1945年生。大阪大学経済学部卒業。在ハワイ・イースト・ウエスト・センター奨学金の下、ハワイ大学大学院経済学部研究科修士課程修了。国連開発計画・ニューヨーク本部、国連事務次長補兼国連開発計画総裁補、同開発政策局長、アジア開発銀行マニラ本部戦略政策局長、営業東局局長などを歴任
2007年～ 関西学院大学総合政策学部教授
専門：発展問題、開発政策

鈴木 英輔（すずき えいすけ）……（連続公開講座 第4回）
1944年生。中央大学法学部法律学科卒業。イェール大学国際法学博士。アジア開発銀行業務評価局長、総裁特別顧問、法務局次席などを歴任
2009年～ 関西学院大学総合政策学部教授
専門：国際法学、国際法政策学、国際金融機関の責任など。現在の研究課題は「非国家組織/団体のグローバル意思決定プロセスへの参加」と「グローバル・ガバナンス」
〈著作・論文〉
今までの主要論文はすべて英語ですので、昨年発表した主要論文のみを掲載します。
Reconfiguration of Authority and Control of the International Financial Architecture, in Mahnoush H. Arsanjani *et al.* (eds.), *Looking to the Future: Essays on International Law in Honor of W. Michael Reisman* 271-297 (Martinus Nijhoff 2010).
Responsibility of International Financial Institutions under International Law, in Daniel D. Bradlow & David B. Hunter (eds.), *International Financial Institutions and International Law* 63-101 (Kluwer Law International 2010).
The New Haven School of Jurisprudence and Differential Responsibility of Major Powers in International Financial Institutions, 18 *Asia Pacific Law Review* 3-17 (2010).

関西学院大学総合政策学部教育研究叢書２

グローバル社会の国際政策

2011 年 3 月 18 日　初版第一刷発行

編　著　小西尚実
発　行　関西学院大学総合政策学部
発　売　関西学院大学出版会
〒 662-0891
兵庫県西宮市上ケ原一番町 1-155
電　話　0798-53-7002
印　刷　協和印刷株式会社

Printed in Japan by Kwansei Gakuin University Press
ISBN 978-4-86283-086-9

http://www.kwansei.ac.jp/press/